解讀易經的奧祕 系列 八

通就是宇宙真理。

風靡中國十億人口
知名大師

曾仕強　劉君政
教授◎著述

國家圖書館出版品預行編目資料

生無憂而死無懼／曾仕強 劉君政 作. -- 初版.
-- 臺北市：奇異果子廣告行銷，2011.03
面； 公分. --（易經真的很容易系列；8）
ISBN 978-986-85176-8-4（平裝）
1.易經 2.易學 3.研究考訂
121.17 99023216

現代易學院 08

通就是宇宙真理

作　　者　曾仕強 劉君政
發 行 人　林錦燕
總 編 輯　陳麒婷
行銷企劃　邱俊清
主　　編　林雅慧
美　　編　蘇乃霙
編　　輯　邱柏諭
編　　輯　邱詩諭

發 行 所
出 版 者　奇異果子廣告行銷有限公司

地址：台北市中正區重慶南路一段57號8樓之14
電話：02-2361-1379
傳真：02-2331-5394

版　　次　2011年3月初版一刷
I S B N　978-986-85176-8-4
定　　價　新台幣380元

【作者簡介】

曾仕強 教授

英國萊斯特大學管理哲學博士，台灣交通大學教授、興國管理學院首任校長、台灣師範大學兼任教授、人類自救協會理事長、新人類文明文教基金會董事長。

曾教授學貫古今，數十年來醉心於中華文化和西方現代管理哲學之研究，在國學、企管、哲學、教育等諸多領域上，皆有極高深的造詣。三十年前，世界五百強企業尚無中國企業能躋身其間，曾教授便已洞察趨勢，率先提倡「中國式管理」學說，被譽為「中國式管理之父」。迄今，曾教授已巡迴全球，完成逾五千場以上之演講，為臺灣生產力中心調查「最受企業界歡迎的十大講師」之一。

近年來，曾教授應大陸中央電視台邀請，至「百家講壇」節目，主講「經營之神胡雪巖的啟示」、「易經與人生」等主題，收視率勇奪全國之冠；二〇〇九年十月，再應百家講壇之邀，主講「易經的奧祕」系列，內容風靡全中國，掀起一股國學復興浪潮，曾教授更被評選為第一名的國學大師。

曾教授著作有：《易經真的很容易》、《走進乾坤的門戶》、《人人都不了了之》、《易經的中道思維》、《中國式管理》、《總裁魅力學》、《樂天知命的無憂人生》、《修己安人的領導魅力》……等數十本，其中《易經的奧祕》一書銷售量已突破一百萬冊，高居台灣與大陸各大書店文史哲類暢銷排行榜總冠軍。

劉君政 教授

美國杜魯門州立大學教育行政碩士，台灣師範大學教育學士。

歷任台灣師範大學、彰化師範大學、高雄師範大學教授，胡雪巖教育基金會理事。

前言——代序

歷代學者對《易經》「元亨利貞」的闡釋，據統計有十四種之多，各有不同的取向，也各有不一樣的見解，更加證明《易經》的廣大簡直無所不包。經過長久的考證、分析和辯論，我們可以大膽地說，《易經》不僅可供占筮，也是一本說明義理的書。伏羲氏當年尚無文字，只能夠用極為簡單的奇一（⚊）偶二（⚋）的符號做為基礎，把高深的哲學思想，透過一陰一陽的排列組合表現出來。倘若缺乏哲理的支撐，全憑幸運，就能夠一下子找到不二途徑，並得以長久地發展下來，豈不是不可思議的神蹟？

一般人只能夠從象（現象）入手，推論出某些道理，甚至於為現象所迷惑，根本看不出什麼道理。聖人則剛好相反，先領悟出「宇宙萬象如此錯綜複雜，背後必然有不易的常理，才能夠亂中有序，互動得十分有條理」，為了使一般大眾易於接受，才從一般人常用的符號、畫象當中，尋找出奇一和偶二這兩個具有代表性的象徵，經過巧妙的排列組合，歸納出「一陰一陽之謂道」，以建立大家的共識，在日常生活中應用，彼此和諧相處，以求安足。

《漢書・藝文志》曰：「易道深矣，人更三聖，世歷三古。」易道深在何處？始終無人加以探究，很可能就是聖人對易理深有領悟，為求深入淺出，站在大眾的立場，透過易簡的方式，把最高深的哲理，用最淺顯易懂的方式充分表達，使人民能安身立命，世界能生生不息。

伏羲氏畫八卦，更進一步用以造字。把☵看成水字，將☲用作火字，所以稱為象形文字。據說他在石板上刻畫出「☴」的記號，透過手勢教導族人：用這個符號來表示「風」，並且從那時開始，每當他把這個特定的符號掛在固定的大樹上，大家一看就知道第二天要刮風，而有所準備。

有一天，他把「☴」、「☵」和「☳」三塊石板，同時掛在大樹上，大家看了，互相警告明天的天氣很壞，有風、有雨，還會打雷。大家非常感激，樂於接受伏羲氏的教導。

由於伏羲氏最常使用的符號一共有八種，而且他將這些符號懸掛在樹上，所以稱為「八卦」。當時有很多文字都是從八卦演變而成的，例如「六」，原本用「䷀」來表示，很容易和「䷀」搞混而引起爭執，正好坤卦（䷁）一共六畫，而「坤」代表「地」，於是用「土堆」，也就是比較突出的地的形狀（介）來表示，造成「六」這個字。「六」的大寫是「陸」，和陸地的「陸」有很密切的關係。

這些傳說是真的還是假的？不論怎樣回答，實際上都不合理。倘若有人反問：「有什麼證據？」很可能答不出來。我們實在不必要也不能夠管它是真是假，只要思考它「通」或「不通」，便可以決定應不應該接納這樣的說法。通不通？通什麼呢？只要能通於「自然」的道理，便可稱之為「通」。

「自然」是一切事物的共同評斷標準，合乎自然的道理，即「通」，否則便是「不通」。就如同我們常說的「通情達理」──「情」是我們的感覺，「理」即自然的道理。

周文王時代已經有了文字。他被商紂王囚禁在羑里，當時紂王命令負責看管的獄卒要關他一百天，想把他活活餓死。幸虧當時人們用的是七進位制而非十進位制，因此一百天相當於現代的四十九天，而且負責看管的獄卒知道文王賢明，常常暗地裡偷送食物給他。紂王到底把文王關多久，我們誰也不敢斷定。我們只知道，文王為了勸告紂王，因此把自己寶貴的經驗，藉由六十四卦的卦爻辭把它陳述出來。即使紂王聽不進去，至少也可以傳承下來，留給後代子孫做參考。文王所寫的東西，有沒有經過他人的修訂，我們也不清楚，但可以確定的是，這些卦爻辭經得起時間的考驗，到了五百年後，還被孔子推崇備至，樂於作傳解說其中的道理。孔子怎樣判斷文王所寫的卦爻辭是否正確呢？說起來也是「通」與「不通」。因為「通就是宇宙真理」，一直到現代，仍然是可靠的評斷標準。

現代科學若通於自然的，便屬真理；若不通於自然的，頂多是一種自圓其說的結果，遲早通不過時間的考驗，會被後起的科學家加以推翻。人類的進步，不就是一代又一代改變從前的說法，青出於藍而勝於藍嗎？一切一切都在變，只有自然的規律永遠不會變。凡是不通於自然規律的，遲早還是得要變。

孔子的偉大，用現代的話來說，即在於提高《易經》的附加價值。他洞察伏羲畫卦，是先有智慧，能通於宇宙真理，然後才胸有成竹地取象。周文王同樣具有通於宇宙真理的智慧，才能把六十四卦的卦爻辭配合得天衣無縫。孔子為求「中人以上」都能夠明白《易經》的道理，因此為《易經》作傳，賦予更多的哲學義涵。

《易經》既然是一本通於自然的書，它本身當然也屬於自然的一部分。自古以來，不論人們對《易經》抱持什麼樣的心態，它總是安靜地等待人們去發現。就像自然永遠以無為的態度對應人類般：遇到反對者時不去辯解亦不迫其認可；不喜歡的無緣者則任其自去；有興趣且願意深入理解者可獲得「開啟智慧」的寶貴機會——這也正是人生的規律：人人自作自受。

現代人讀《易經》，最好能抱持「既不相信，也不會不相信；既不排斥哪一種說法，也不完全接受哪一種說法」的中道思維，堅持以「自然」為最高的判斷標準。通於自然的，即信；不通於自然的，便不信。通於自然的，接受；不通於自然的，就不接受。〈繫辭下傳〉曰：「不可為典要，唯變所適。」《易經》最重視「時」，以六十四卦三百八十四爻決斷吉凶的時候，卦義對「時」的描述，將會影響到爻義的變化。乾（䷀）卦的「時乘六龍以御天」，蒙（䷃）卦的「以亨行時中」，損（䷨）卦和益（䷩）卦的「與時偕行」，艮（䷳）卦的「動靜不失其時」，都在提醒我們：易理是隨時變動，以求合乎時宜的。法會僵化，是由於彈性不足以應變；理會變動，才能與時俱進以求通。

通是合的結果，大自然的象、數、理合在一起，得以匯通。西方人用科學的態度和方法來研究自然，卻將自然分別從物理、化學、數學的不同角度分開來討論，愈深入愈鑽牛角尖——科學本身並沒有錯，可惜採用了不自然的研究方法，才造成今日科技嚴重破壞自然，威脅人類生存的惡果，令人感到恐怖萬分。

用易理來指導科學，以「合中有分，分中有合」的態度，採用「一分為二，二合為一」的方法所發展出來的科學，才會有益於自然人生，且不致危害地球萬物。

換句話說，天人合一的科學，才合乎自然規律；否定天人合一的科學，遲早會置人類於死地，這是二十一世紀的人類必須慎重思慮的課題。時間緊迫，請早決定為幸！

常言道：「窮則變，變則通」，我們知道並非變不可的道理，但是「不可不變，也不可亂變」，必須變得通，也就是依據自然規律而變，方能收「通則久」

的效果。常常變，表示變得不好，不能切合時宜，不算變通。一天到晚把「求新求變」掛在口頭上，其實象徵內心不安，不能滿足於現實的狀況，實在不是良好的現象。

「變易」和「不易」，都是易理的一部分，必須合在一起思考，不應該分開來看。從日常生活中，執事者經常是變也挨罵、不變也挨罵，便可得到最好的證明！如何「以不變應萬變」，才是現代人學習的重點，不幸這種人類的最高智慧，長久以來不但被誤解，而且還遭到無情的批判。我們有責任說明真相，還它的清白，也恢復中華兒女的智慧。尚祈各界先進朋友，不吝賜教是禱！

曾仕強
劉君政
謹識於台灣師範大學

編者序

「通」的字義是流暢、廣博、沒有阻礙。然而，現代人卻很少能夠體會通達自在的快樂境界，反而經常感受到閉塞不通的苦惱。例如，對事物的道理經常「想不通」、採用的方法往往「行不通」、出門開車常遇到「此路不通」、處理事物「不知變通」、人際關係「不夠圓通」、對命運的道理更是「一竅不通」。

若是我們能靜下心來，效法古聖賢仰觀天文、俯察地理的精神，就會發現宇宙萬象看似錯綜複雜，其實背後自有其不易的常理。日升月落，花謝花開，宇宙的規則實乃亂中有序，互動得十分有條理，而人生百態又何嘗不能如此？

《易經》〈繫詞上傳〉曰：「聖人有以見天下之賾，而擬諸其形容，象其物宜，是故謂之象。聖人有以見天下之動，而觀其會通，以行其典禮，繫辭焉以斷其吉凶，是故謂之爻。」意指聖人看到天下萬物道理深奧複雜，因此以八卦的具體形態來比擬它，用來象徵事物具體的意義，稱之為「象」；看到天下萬物的運動變化，觀察事物的會合變通，用來推行典章禮儀，並以繫辭來判斷事物的吉凶，稱之為「爻」。

因此，伏羲畫卦是先有智慧，能通曉宇宙真理，然後才胸有成竹的取象；文王同樣具有通於宇宙的智慧，才能把六十四卦的卦爻辭配合得天衣無縫；而孔子則是為求「中人以上」都能夠明白《易經》的道理，因此才為《易經》作傳，賦予其更多哲學意義。古聖賢將大自然的象、數、理結合在一起，得以匯通，所以說「通」正是「合」的成果。

本書中曾教授以《易經》中「噬嗑、賁、困、井」這四卦，來解析人類應如何師法宇宙一本萬殊、一通萬通的精神，真正達到變通、圓通、通達的人生境界，以效法聖人通天下的心志，成就天下的萬事萬物，與讀者共勉之。

現代易學院系列叢書總編輯　陳麒婷

目錄

《第一章》

什麼稱為通？

通就是沒有障礙，能夠暢通，
一而二，二而一，合而觀之，不單獨思考。

一分為二，還需要能二合為一，
陰和陽不可分隔，時刻都應相通。

乾元開創萬物，坤元化育萬物，
一陰一陽之謂道，即包含了乾元與坤元。

圓通是智慧，圓滑卻是狡詐，
外表相同，實質不同，要用心明辨。

不要求神通，最好能通神，
以自己為主體，主動和神相通。

有來有往，變化不窮，便是通的真義，
百姓日用而不知，當然覺得十分神妙。

一、通指推廣實行變的道理

通的意思，是沒有障礙。例如，一整夜不睡覺，稱為通宵達旦；大家都沒有私心，才能夠通力合作；分工合作，沒有本位思想，各自把分內事情做好，叫做通功易事；四通八達的大都市，才有資格稱為通都大邑。通就是順暢流通。各種情況都適用，謂之通用；具備了各種能力的人，稱為通才；向各方宣示，即是通告；有借有還，才是通財之義。

〈繫辭上傳〉曰：「化而裁之謂之變，推而行之謂之通。」「化」是瞭解、貫通；「裁」為裁判、選擇。知道如何判斷、選擇，就等於明白變化的道理。推廣並實行變化的道理，就叫做通。所以〈繫辭下傳〉曰：「變通者，趣時者也。」變化會通，就是趨於適合時宜的行動，也是我們常說的「中」。

太極是「中」；兩儀、四象、八卦，六十四卦合在一起，皆稱為「華」。中華民族不論身居何方，只要明白太極的道理，奉行「天下之動，貞夫一者也」（天下萬事萬物的一切活動，都必須堅守太極生兩儀、兩儀合而為一的定律），那就四海之內皆兄弟也。中華民族自伏羲氏開始，便以文化的認同做為「是我族類」與「非我族類」的標準，不問血統、面貌、體型、膚色、種族、語言、宗教是否相同，只問對於中道思想有沒有共同的認識和實踐？換句話說，中華民族凡事都要能合起來想，而不分開來看，做到我們常說的「這件事不過是一而二，二而一而已！」在日常生活中，互相尊重而又彼此關切，既不是個人主義，也不是集體主義，而是陰陽交易、和諧共生的交互主義。

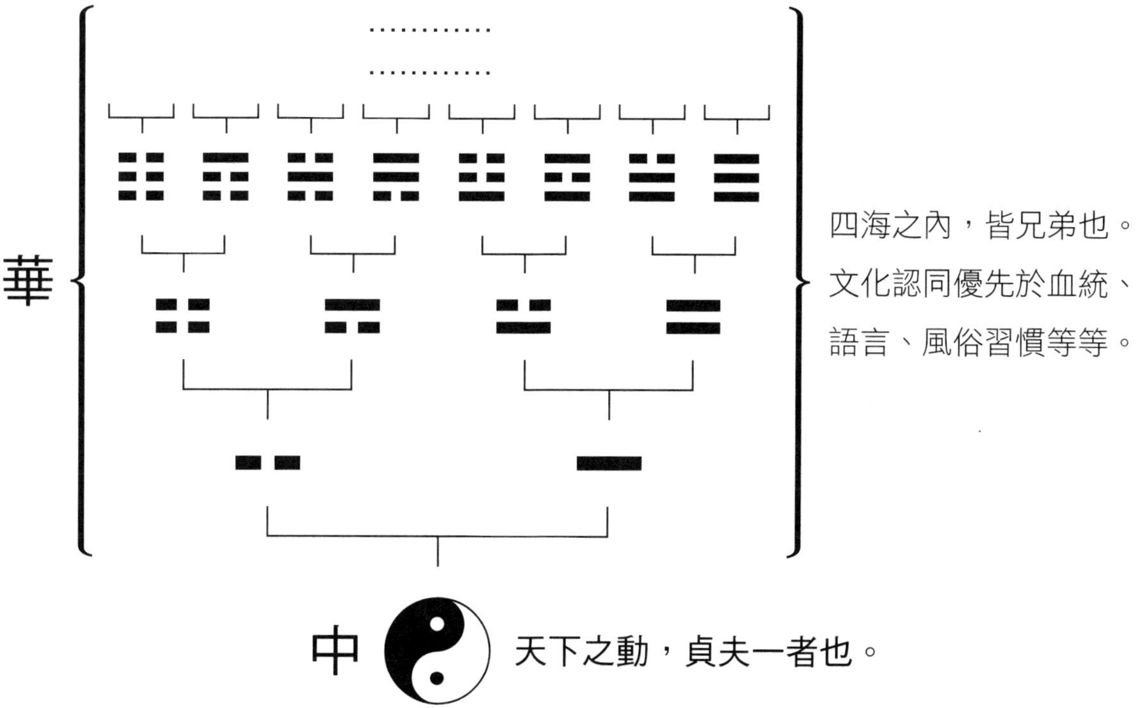
華
四海之內，皆兄弟也。
文化認同優先於血統、
語言、風俗習慣等等。
中
天下之動，貞夫一者也。

二。一而二二而一合併則通

太極生兩儀，稱為「一而二」；兩儀都包含在太極裡頭，稱為「二而一」。「一分為二」和「二合為一」這兩句話，務必合起來思考，不能夠分開來看。單說「一而二」（一分為二），即為「分裂」；僅僅提「二而一」（二合為一），就是「吃掉」。不論「甲吃掉乙」或「乙吃掉甲」，都不合乎《易經》的道理。在陰陽兩儀圖（通常稱為太極圖）中，陰的部分有一個小白點，即為陽，稱為「陰中之陽」；陽的部分也有一個小黑點，便是陰，稱為「陽中有陰」。就好比男性身上有女性荷爾蒙，女性身上也有男性荷爾蒙，道理是一樣的。

陰陽到底是「一」還是「二」？答案是「既非一，亦非二」，而是「亦一亦二」。說它是「一」，明明是「二」；說它是「二」，卻又真的是「一」。由此可見中華民族對「數」的觀念，和西方人不同。我們的「數」是有生命、有彈性的；西方人的「數」不過是數字，沒有生命也缺乏彈性。西方人會說：「一就是一，二就是二，什麼一而二，二而一？」對於「亦一亦二」簡直不敢領教。

如果我們從自然現象中進行觀察、探索和理解，便很容易發現「陰中有陽，陽中也有陰」的道理，陰陽是分不開的。例如，人的頭是陽、雙腳是陰；一個頭（奇數）、兩隻腳（偶數），符合陽奇陰偶的原則。但是頭部的溫度，通常比腳部略低，保持陽中有陰，陰中有陽的常態。倘若頭部發熱而雙腳冰冷，那就是生病了，得趕快去看醫生。手心是陽，肉較多，比較挨得起打，所以我們經常打手心；手背是陰，打起來非常疼痛，所以我們不會去打手背。

陰中有陽

陰陽既不是一，
也不是二，而是
亦一亦二也。

陽抱陰，陰抱陽，分不開。
互依互賴，相互取與，永為一體。

陽中有陰

三．萬變不離其宗事事皆通

伏羲氏仰觀天象之際，並不單純觀象而已，因為祂了悟象中有數也有理——日月運行是數，彼此密不可分的關聯性即為理。他把日月所構成的聯體圖，轉變成含有陰陽兩儀、並顯示其關係的太極，並且用最簡單易懂的數字「一」來加以表示。「一」（太極）有象、有數，也有理，三者合在一起，便是太極。「一」為「一」（數），為「陽」（象），也為「陽中有陰的陽」（理）。這種「一而二，二而一」的自然規律，我們把它稱為「一陰一陽之謂道」。

〈繫辭上傳〉曰：「一陰一陽之謂道，繼之者善也，成之者性也。」「一」指太極，內涵陰陽兩儀，所以將一當中的陰和一當中的陽，簡稱「一陰一陽」。「之謂」是等於、就是的意思。「道」指陰陽互相轉化、往來不窮的規律，也就是陰陽互變的途徑。「繼」為繼承，乾元（⚊）繼承「一陰一陽之謂道」而開創萬物，便是善；坤元（⚋）順承而成就「一陰一陽之謂道」，以化育萬物，即為性。這「一陰一陽之謂道」，是萬事萬物變化的根本，所以《中庸》云：「道也者，不可須臾離也；可離，非道也。」「須臾」就是片刻，人們不能片刻離開的才叫做道。我們常說「萬變不離其宗」，意思是「千變萬化，而變化的原則只有一個，那就是道。《荀子•儒效篇》曰：「千舉萬變，其道一也。」《莊子•天下篇》亦云：「不離於宗，謂之天人。」我們只要掌握「一陰一陽之謂道」，便可以放心地因時、因地、因人、因事而制宜。所謂變通，實際上就是遵循「一陰一陽之謂道」而隨機應變，以求其通。

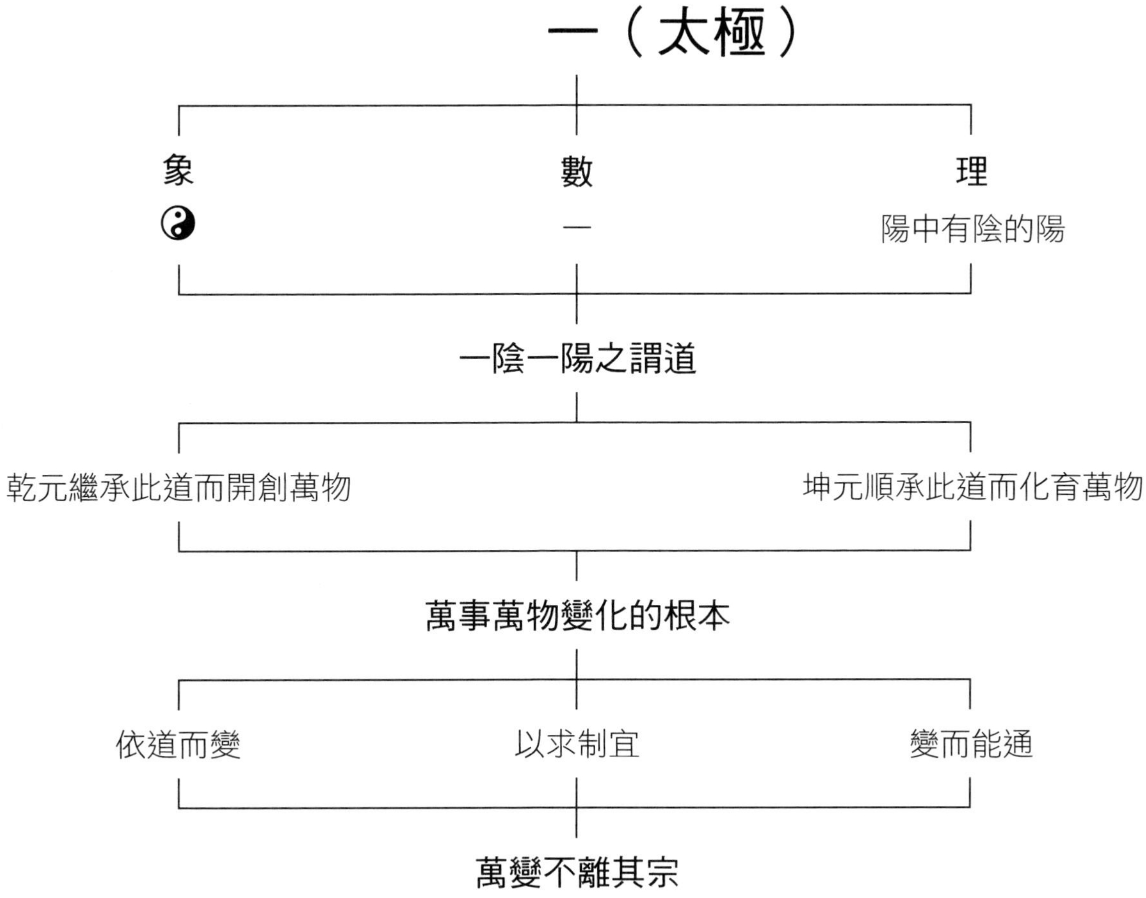
一（太極）
象
數
理
一
陽中有陰的陽
一陰一陽之謂道
乾元繼承此道而開創萬物
坤元順承此道而化育萬物
萬事萬物變化的根本
依道而變
以求制宜
變而能通
萬變不離其宗

四・圓通必須堅持圓而不滑

有些人認為孔子圓滑，這實在是天大的冤枉！因為孔子最討厭鄉愿，《論語・陽貨篇》直接指出：「鄉愿，德之賊也。」這種偽君子、假好人，不負責任，是道德的賊害，不就說得很明白嗎？孔子十分重視師道，在《論語・衛靈公篇》卻說：「當仁，不讓於師。」在為仁的大道上，即使是老師，也應該有所不讓。我們常說「當仁不讓」，表示應該做的事情就不必推辭，勇往而必為。《論語・衛靈公篇》又表明：「君子貞而不諒。」「諒」是信的意思，信當然是美德，但是當信有害於正道時，寧可取正道而放棄信用，孔子說得這樣直接，怎麼可能圓滑呢？

說孔子圓通，比較符合事實。「圓通」和「圓滑」，原本就有如孿生兄弟，幾乎長得一模一樣，難怪很多人混淆了，搞不清楚兩者的差別。圓通和圓滑，主要的區別在於動機。存心投機取巧叫圓滑；用心隨機應變即圓通。內方外圓，有原則地應變，也就是萬變不離其宗的因應舉措，便是圓通的君子；沒有原則地亂變，當然是圓滑的小人。為什麼都要求「圓」呢？因為圓比較容易轉動，具有應變的彈性。但同樣是圓，滾動時合不合乎正當的軌道？這點區別，可做為圓通和圓滑的分水嶺。人類的頭顱是圓形的，腳趾則是方形的，圓頭方足，和禽獸大不相同。《淮南子・精神訓》：「故頭之圓也象天，足之方也象地。」人生存於天地之間，必須頂天立地，光明磊落。變是必要的，但變而能通，才是合理的變，同時還要講求動機純正，大公至誠，為公而不為私。真正的變通，必須不離「一陰一陽之謂道」，有原則地權宜應變，才叫做圓通。

圓通	V.S.	圓滑
有原則地應變		沒有原則地亂變
內方外圓		圓而無方
為公而變		為私而變
合乎一陰一陽之謂道		不合一陰一陽之謂道
變的效果良好		產生不良後遺症
當仁不讓		表面上什麼都讓

五。不要求神通最好能通神

〈繫辭下傳〉云：「天地設位，聖人成能，人謀鬼謀，百姓與能。八卦以象告，爻彖以情言，剛柔雜居，而吉凶可見矣。」天地設定位置，並不能直接提出吉、凶的警訊。聖人依據天、人、地三才，畫出卦的六位，由六爻的變化，成就天地所不能的事。透過人和鬼神的共同謀慮，即使一般百姓也能夠參與、運用這樣的功能。八個基本卦（乾☰、坤☷、坎☵、離☲、震☳、巽☴、艮☶、兌☱），是以卦象來顯示義理，而六十四卦的卦爻辭，則是用事物的具體情態來展示義理，陽（剛）與陰（柔）錯處，吉、凶的結果也就可以預見了。

一般人喜歡說神通，不過是推理的另一種說法。把推理的過程祕而不宣，直接說出推論的結果，便是神通；把神通的過程完全說出來，當然是推理。「鬼謀」可以說是占卜，一般百姓都能夠參與。但是卜卦容易解卦難，占卜的結果只能用以輔助推理，不能完全論斷吉凶。

〈繫辭下傳〉：「子曰：『知幾其神乎！君子上交不諂，下交不瀆，其知幾乎！幾者，動之微，吉之先見者也。』」孔子把能夠預知幾微事理者當做「神」。君子與比他高明的人交往絕不諂媚；與比他卑下的人往來絕不輕慢，應該可以說是知道幾微的道理。什麼是「幾微」？就是事物變動的細微徵兆，也是結果的預先顯現。是吉是凶，可以預先知曉，那才是通神。通神便是我們常說的靈感，如有神助、神來之筆等。所以〈繫辭上傳〉云：「知變化之道者，其知神之所為乎？」神靈的所作所為，都能夠知曉，當然是通於神。

神通	V.S.	通神
裝神弄鬼， 假借神明。 把推理的過程， 祕而不宣。 把自己借給神鬼， 當做靈媒， 萬一借錯了， 該如何是好？		獲得靈感， 如有神助。 把推理的過程， 明白說出來。 知幾，其神乎？ 從細微的徵兆， 預先看出結果， 果然很神！

六 ◦ 來往變化而不窮稱為通

〈繫辭上傳〉曰：「仁者見之謂之仁，知者見之謂之知，百姓日用而不知，故君子之道鮮矣！」人類有一種普遍的傾向：不相信世間有這麼簡單、容易的事情，一定要想辦法把它弄得很複雜、很艱難，才顯得自己有學問。加上每一個人幾乎都有盲點，看不清自己很主觀，偏要說自己很客觀，因此愛好仁的人，從仁的角度來觀察道，說它是仁道；愛好智的人，以智的立場來悟道，說它是智道；而一般老百姓在日常生活中廣泛使用道，卻不知那就是道。就因為「會說的人不會做、會做的人不會說」，致使君子所謂的道，很少有人能夠知曉。實際上，《易經》所採取的是道的整體觀念。〈序卦傳〉曰：「有天地，然後萬物生焉。盈天地之間者，唯萬物。」乾（䷀）坤（䷁）代表天地，併列為《易經》的門戶，然後將象徵萬事萬物的六十二卦，置於大門之內，明白顯示出宇宙是不能割裂的整體。每一卦象，都代表一個整體結構，同時又是宇宙這個整體結構的一部分，必須從整體上去理解，才能夠掌握其實質的狀況。每一卦象，不但有上下卦的構成要素，而且有六爻的結構關係。《易經》只用十個數字（一、二、三、四、五、六、七、八、九、十）以及陰（⚋）、陽（⚊）兩個符號，便能夠解開宇宙的六十四個密碼，主要原因在於六爻結構和八卦關係，具有動態性和循環性。以時間為主，配合空間的變化，來往變化而不窮，才能夠充分地掌握宇宙的全部道理，全盤信息盡在六十四卦之中，歷七千多年的考驗而不衰，且科學愈發達，便愈能證明其通達性。

《易經》用⚊和⚋兩個符號，

以及一、二、三、四、五、六、七、八、九、十這十個數字，

便順利地解開了宇宙的六十四個密碼。

↓

《易經》的整體觀念，具有動態性和循環性。

↓

每一卦象，都是宇宙整體的一部分，

必須從整體上去理解，

透過上下卦的構成要素，

以及六爻的結構關係，

才能暢通地把握其實質的狀況。

↓

來往變化不窮，即為通。

我們的建議

1 常言道：「通則不痛，痛則不通。」意思是人體好比小宇宙，是一個完整的系統。整體通暢時，就不會產生疼痛感；一旦有痛的感覺，那就表示有些不通暢的部位需要調整。

2 《易經》以「一」代表太極，而太極（一）內涵陰（⚋）、陽（⚊）。太極分而生陰（⚋）陽（⚊），再分則生四象、八卦、十六卦、三十二卦、六十四卦，每卦六爻，共三百八十四爻。又可以按層次而統合，一一回歸太極，縱的關係十分密切。

3 橫的關係，以「陰中有陽，陽中有陰」為原則，不論陽（⚊）或陰（⚋），都和太極一樣，又各內含陽（⚊）與陰（⚋）。由此推知，物物各具一太極，我們可以由任何一事一物之中，認識宇宙之全；不必從宇宙之全，才能認識宇宙之全。這也就是所謂的「易簡」。

4 天尊地卑，用現代話來說明，便是以精神為上界、物質為下界，從乾坤開出變化之門。必須上下交流，才能暢通。若是各執己見，互不交流，當然閉塞不通。《易經》六十四卦，變一爻則全卦變，必須互相參照才能通。

5 任何一卦，由於陰陽的互動交易，都有變化出六十四卦的可能性。其中一卦的信息為顯性，其餘六十三卦即為隱性。顯性和隱性，今日則稱為「顯規則」與「隱規則」，彼此間也要能夠互通。

6 宇宙之中什麼最容易通呢？氣最容易通。山（☶）澤（☱）通氣，其他要不要通？當然也要通，因為都離不開氣。接下來要探討《易經》和氣的關係。

《第二章》

如何才能通？

天地間有氣，才能相通。
氣有正有邪、有剛有柔，互相激盪。

氣暢通，自然變而能通，
氣不通，那就變而不能通。

依易理而行，容易變而求通，
缺乏原則或違反常則而變，大多不通。

持經達變，是中華民族可長可久的主因，
可惜現代逐漸喪失，以致難能變通。

憂天下之憂，僅是中等程度的通達，
人人各安其位，才能安足地暢通。

道德是人類互通的軌道，
人道以仁義為主，無仁義則寸步難行。

◦一切固體皆是氣的凝結

乾卦（☰）彖辭曰：「大哉乾元，萬物資始，乃統天。」「元」是什麼？元就是氣的源始。盛大無際的元氣，萬物都由它而開始，所以是天的本源。坤卦（☷）彖辭則曰：「至哉坤元，萬物資生，乃順承天。」至極無限的元氣，萬物都取它而生成形體，總是順承乾元而運動。彖辭以乾坤（也就是陰陽）為宇宙的本源，原本是二元論。〈繫辭上傳〉提出「易有太極，是生兩儀，兩儀生四象，四象生八卦」的論述，在陰陽之上，統合於太極，才變成一元論。我們稱之為「一之多元」論，應該更加符合實際的情況。一中有多（一分為二）而多合於一（二合為一），當然是一之多元。

宇宙萬象變化無窮，起於陰陽二氣的剛柔相摩、八卦相盪，所以〈繫辭下傳〉云：「天地絪縕，萬物化醇。男女媾精，萬物化生。」「絪縕」指天地之氣纏綿交密，「化醇」則是最後凝固成為萬物的形體。男女兩性交合，然後生男育女，才能生生不息。由此看來，天地之氣合而為一，便是太極；分為陰陽，那就是兩儀。天地之間，有陰陽之氣，人居於天地之中，實即生活在氣中，就好比魚生存在水中，處於其間卻不一定有所感覺。太極無形體聲臭，卻有動靜，但是既然沒有形體，便不能移動，只能產生內在的動，也就是陰陽二氣的互動。莊子認為物的生滅，不過是氣的聚散。一切固體，無非是氣的凝結，氣是由無而有，未成形體的一種狀態。陰陽二氣相盪、相摩，所以能互通。太極能夠內涵兩儀，而又變化無窮，便是陰陽二氣可以流通所產生的效果。

天地之間，有陰陽之氣。

↑

人生存於天地之中，也就是生活在氣中。

↑

物的生滅，不過是氣的聚散。

↑

一切固體，無非是氣的凝結。

↑

氣相盪相摩，是通的基礎。

二、氣是形而下的並不是道

道是宇宙的本根，沒有道則氣無從生。〈繫辭上傳〉曰：「形而上者謂之道，形而下者謂之器。」太極指天地未分之前，元氣混而為一。我們說宇宙的變化從「太極」（一）開始，指的是宇宙的整體，也就是陰陽未分的渾然一體。「一陰一陽之謂道」是無形的；陰陽二氣用奇（⚊）偶（⚋）來表示，那就是有形的，屬於形而下的「器」。〈繫辭上傳〉又云：「化而裁之謂之變，推而行之謂之通。」「化」是陰陽二氣的對立轉化，也就是陰化為陽、陽化為陰。「裁」指裁制，陰陽二氣的對立轉化，彼此互相裁制，我們稱之為「變」。把這種既對立轉化又互相制約的關係，推廣到各種具體事物的處理層面，就叫做「通」。通是變而能通，必須變到能通的地步，才算合理。

〈繫辭上傳〉又云：「化而裁之存乎變，推而行之存乎通。」我們從學「易」的角度，可以看出「促使天下萬事萬物化育，並且加以合理的制約，必須從變動當中實踐」的道理。想要把這種合理的變化，推廣實行於天下萬事萬物，那就需要知所會通，才能有效運用。《易經》六十四卦，每卦六爻，都以剛（陽）柔（陰）二氣互相推動，產生種種變化，這些變化決定了爻位關係，可依據「當不當位」（初九、六二、九三、六四、九五、上六當位；初六、九二、六三、九四、六五、上九不當位）；「相不相應」（初九與六四、六二與九五、九三與上六兩爻一陰一陽，即相應，同為陰或同為陽即不相應）；上下爻之間，呈現「承」、「乘」或「據」的哪一種關係等因素來推斷吉凶，實際上就是「變得通」或「變不通」的差異有以致之。

變得通則吉，變不通則凶

↑

陰陽二氣互動，產生各種變化

爻，當不當位？
彼此相不相應？
上下爻之間，呈現什麼關係？

↑

陰陽二氣對立轉化

陰極成陽，
陽極成陰。

三、必須依理而變才能求通

《易傳》認為宇宙萬事萬物，無時無刻不在變化遷流當中，正如《論語・子罕篇》所言：「逝者如斯夫，不舍晝夜。」整個宇宙是一個變化的大歷程，和孔子當時所看到的河流一般。〈繫辭上傳〉曰：「在天成象，在地成形，變化見矣。」變化有象有形，大家張開眼睛便能看見。〈繫辭下傳〉又云：「易窮則變，變則通，通則久。」宇宙唯有變化，才能夠不窮而久。因為變可以不窮而通，而通即能久而不停息。變化是宇宙的根本事實，只要萬物生生不已，變化就能永不止息。然而變是變、化是化，彼此並不相同。「化」是變的過程，而「變」是化的結果。一切時時都在化，都需要一段時間，我們才能看出變的成果。

易學更進一步指出，變化是有條理的，變化必須依據「不易」的常則，才不致亂變，造成不通的惡果。〈繫辭上傳〉云：「動靜有常，剛柔斷矣。」一切動靜都有不變的常則，也就是有常道可以依循。剛柔的符號一旦定下來，便可以分辨清楚是不是符合常則？又云：「言天下之至動而不可亂也。」天下事物變動不已，卻不能亂七八糟而不合條理，因此，〈繫辭下傳〉直接指稱：「天下之動，貞夫一者也。」這個「一」，便是永恆不易的常則，也就是我們常說的「生生」——不是生命，而是創造。現代科學已經證明，一切都是電磁波的變形，宇宙的電磁波一直存在著光速的現象，我們的所作所為，不過是把原有的光速現象加以改變形態而已。不論如何，有原則地應變才能通；缺乏原則或者違反常則的變，徒然製造一些紊亂的惡果，那就是不通。

易

不易

變化有條理，
必須依常則：
動靜有常，
不可違反。

變易

變化有必要，
求適者生存：
不可不變，
不可亂變。

依易理而變，務求能夠通達。

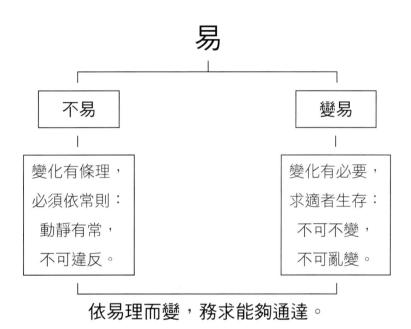

四。持經達變才能真正變通

不易的常則，稱為「經」；變易的因應方式，則為「權」。「經」是不能變易的基本原則，應用的時候，必須因應當時的內在因素和外在環境，做出因人、因事、因時、因地的合理應變，那就是我們常說的權宜應變，也稱為權宜措施。

「持經」的意思，是堅持既定的原則，維持一貫的理念，確立永遠的目標。「達變」的用意，應該是為了達成「持經」所做出的某些調整或改變。所有的權宜應變，都應該有利於既定原則的實現，換句話說，一切的權宜措施，都不應該違反或偏離既定的原則。長久以來，中華文化歷經各種外來文化的衝擊與內部不同意見的挑戰，都能夠順利地加以整合，便是古聖先賢立經、後代子孫持經，大家再怎樣求新求變，都不敢離經叛道或做出離譜的改變所產生的功效。中華文化得以源遠流長，歷久彌新，主要的原因，便是中華民族具有持經達變的素養和能力。

不幸的是，二十世紀以來，我們這種能力正快速地喪失中。面對外來文化，我們既不能持經，也不能做出合理的權宜應變。最初學日本，然後學歐美，接著想學蘇俄……不但不能持經，而且不知如何應變。殊不知易學啟示我們：唯有持經達變，才能真正變通；想要變而能通，非持經達變不可。幸好歷經動亂，我們已經迷途知返，思前想後，決定走出一條屬自己的道路。易學在二十一世紀必將發揚光大，和這種反思具有十分密切的關係。如何持經達變？是學習易理的必修課題。及早把「經」找回來，才能做到真正的通達。

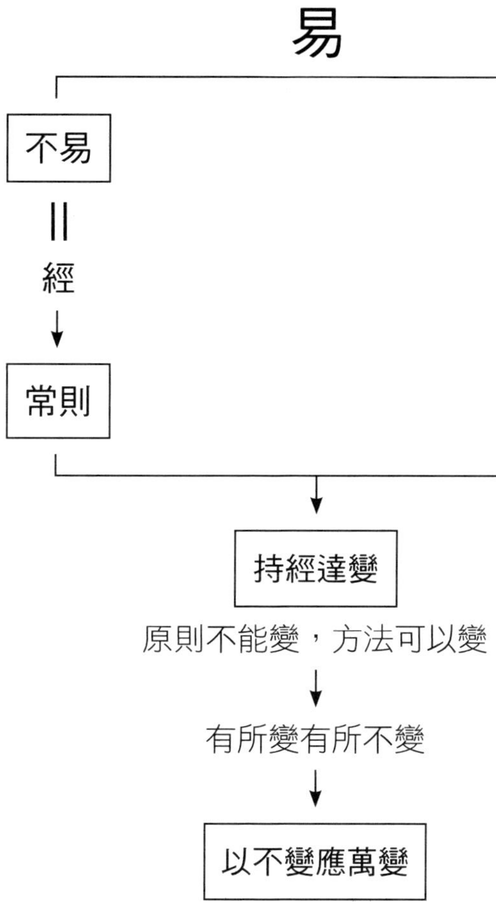
易
不易
變易
||
||
經
權
常則
應變
持經達變
原則不能變，方法可以變
有所變有所不變
以不變應萬變

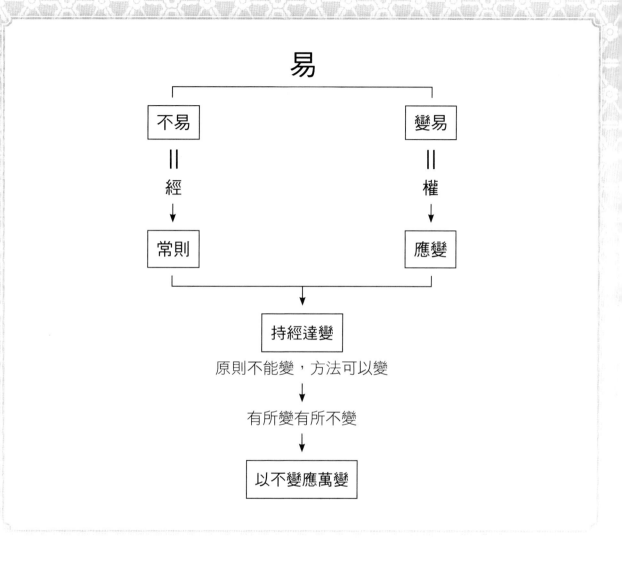

五、推己及人才能人我相通

就人與人的相通而言，我們把「知相通」稱為「理解」；將「情相通」叫做「同情」；而以「意相通」當成「同感」。無論理解、同情或同感，實際上都不是「實驗」或「經驗」所能夠達成的，而是必須用心「體驗」，才能獲得真正的效果。求學過程中，我們大多做過科學實驗，卻由於科學缺乏感覺，因此很難有所體驗。實際生活上，我們也都具有相當的經驗，但若只有經歷而缺乏磨練，同樣也不可能有什麼體驗。

體驗是推己及人、將心比心的結果，目的在求人我相通。《論語・先進篇》記載：有一天，子路、曾點（曾參的父親）、冉有、公西華這幾位弟子，陪孔子坐著，孔子說：「你們可能因為我稍微年長，而不方便說出心中的話，現在不妨隨興些，談談自己的志願吧！」於是子路、冉有、公西華都侃侃而談，說出自己的心願。此三人皆胸懷大志，希望能做出一番大事，唯有曾點在孔子的催促下，最後才說：「我沒有同學們那樣有作為，只想在晚春時節，穿著春天的衣服，和五、六個青年，六、七個少年，渡過沂水，在空曠的地方放聲高歌，一路吟咏而返！」孔子十分欣賞曾點的想法，毫不保留地說出：「吾與點也！」因為曾點所呈現的，是一種仁樂合一的圓融境界，這才是真正的充實之美。人人倘能各得其所，各安其位，大家歡暢悅樂，應當是己安、人也安的人生藝術。這種人我相通的境界，不必為了生活或居於理想的追求而緊張忙碌，才是「看似彼此不關心，實則人人都滿足」的難得通達與真正安足！

看似彼此不關心，實則人人都滿足　（上乘的通）

真正的安足，難得的通達

↑

大家憑良心，時時立公心　（中程的通）

有憂患意識，憂天下之憂

↑

推己及人，將心比心　（初階的通）

體驗自得，人我相通

六、道德是人類互通的軌道

自然的互通，主要來自陰陽二氣的變易，陰極生陽，陽極成陰，造成不同的變化，產生不一樣的效果。

人類居於天地之間，由於自身具有獨特的創造力和自主性，因此必須效法於天（地），有別於一般動物的完全依賴本能而生存。《易經》「不易」的主旨，在提醒人類應該依循天道（陰陽）、地道（剛柔），不可稍有違反，成為常理的「經」。而其「變易」，則主張人類應該因應時空的變化，以不變應萬變地，做出合理的應變。

為了防患於未然，使人類不敢亂變，也不能亂變，人類在創造性和自主性之外，還有相當的偏限性，對我們的創造（其實不過是變易）設置某些限制，其中最有力的，便是〈繫辭下傳〉所說的：「善不積不足以成名，惡不積不足以滅身。」一個人的所言所行，倘若不積累善行，便不足以成就美名；若是不積累惡行，也不足以滅亡自身。換句話說，變易得害人害己，便是積累惡行，到了惡貫滿盈的時候，即將滅亡自身；變易得合乎道德的規範，就是積累善行，倘若積累多了，當然成就美名。易學以仁義為人道的根本，明確肯定人人都具有莊嚴而神聖的道德創造力。《論語‧述而篇》更指出「我欲仁，斯仁至矣」的美質，以有別於一般動物。道德是人類互通的軌道，只要順理而行，時時忘掉人我、物我的對待，使「血氣」轉化為「理氣」，把不良的「習氣」調整成良好的「正氣」，就能做到人人改邪歸正，由「性相近也，習相遠也」（《論語‧陽貨篇》）而「克己復禮」（《論語‧顏淵篇》），彼此和諧相通，協力並進了。

以道德做為人類互通的軌道

為所應為而非為所欲為

↑

建立倫理觀念，做為人道的基礎

夫婦有別，父子有親

↑

從「性」生活著手改善，確立一定的秩序

由生物性走向文化性

↑

遠古時代，人類生活與一般禽獸十分相近

人同於獸

我們的建議

1 人活著，無非爭一口氣，可見氣之於人類的重要性，實在無可取代。天地陰陽的變化、日月寒暑的往來、萬事萬物的生成，都是氣的運行和變化。但由於氣不可見，我們才會由「象」定「數」，實際上是先有氣數，才顯出氣象。

2 「元」是氣的源始、「亨」指氣的暢通、「利」為氣的影響、「貞」則是氣的正邪。元亨利貞，不過是氣的變化，關鍵即在「正」或「邪」（不正）。我們必須時時守正，才能應變亨通。

3 氣是物體三態（固態、液態、氣態）之一，沒有固定的形狀，所以很難捉摸。而「風」能夠自由流動，有利於互通，只要壓力不平衡，就能夠產生流通的效果。人的「風度」也稱為「氣象」，具有很大的影響力。

4 人的修養，在氣的變化方面占有很大的比例。氣急攻心、氣急敗壞，都很難通；氣沖沖的時候，也經常不通；氣數已盡，通也沒有用；氣質欠佳，通了也會變成不通。

5 氣候指經過長期積累所得到的成果。一個人不成氣候時，力道就無法表現出來。當惡貫真的滿盈後，恐怕誰都拯救不了。守時待命與氣的累積，兩者之間具有密不可分的關係，因此凡事不宜操之過急。

6 和氣的重點，在大家為所應為，而不是為所欲為。人人憑良心，時時立公心，還要自己先力行。凡事只問應該不應該，自然正氣凜然，邪氣難以入侵，而得以祥和安寧。

《第三章》

陰陽
如何才能通？

陰陽如影隨形，永遠不分離，
彼此又能互變，當然是變而能通。

伸展與收縮，兩種性能互動，
應該屈就屈，應當伸即伸，伸屈合宜。

陰陽各自當位，更容易通達，
象徵人人各守其份，彼此更方便溝通。

噬嗑卦喚醒我們，必須志同道合，
以真心的合，代替強制的合，人我才能互通。

最美好的通，應該是政通人和，
以法治為基礎，提升到德治的和諧。

利用刑罰，更需要有效撫平創傷。
賁卦象徵文化發揚，透過語言文字以求通。

一、陰陽同時並存當然能通

陰陽有如物體與影子，永遠同時並存，無法分離。當我們看不見影子的時候，並不是沒有影子，而是光線太強，影子無法顯現，只要光線減弱，影子立即出現。如影隨形，可以說是「一陰一陽之謂道」的最佳寫照。

陰中有陽，才能夠積累到差不多的時候，由少陰而老陰，再由老陰轉變為少陽。同樣的道理，少陽變老陽，再由老陽變少陰，這種陰極生陽、陽極成陰的變化，是變而能通的主要因素。即使乾卦（䷀）六爻皆陽，我們稱之為純陽卦，實際上每一爻都有陰的成分，只是陽太盛以致陰氣顯現不出來。乾卦每一爻，都可能變成陰爻，造成一爻變，全卦爻也跟著轉化。例如，初九變陰，成為姤（ㄍㄡˋ）卦（䷫）；九二變六二，成為同人卦（䷌）；九三變六三，那就成為履卦（䷉）；九四變六四，就成為小畜卦（䷈）；倘若九五變成六五，便是大有卦（䷍）；上九變成上六，那就是夬（ㄍㄨㄞˋ）卦（䷪）。

乾卦（䷀）六陽爻，如果同時變成陰爻，立即變成坤卦（䷁）。我們把乾、坤兩卦，稱為「錯卦」，便是陰、陽互相交錯的現象，也可以稱為「旁通卦」，表示兩旁可以相通。我們解讀乾卦，最好把坤卦同時放旁邊，將兩卦合起來看，而不分開來思考，比較容易獲得周全而不偏執的效果。乾卦初九與坤卦初六相對應，「潛」的時候，應該秉持「履霜堅冰至」的高度警覺性，以便適時展現才能。潛中有不潛的意涵，而履霜也有不履霜（腳上踩不到霜）的另一層思慮。隨時保持陰陽並存的旁通精神，應該是更能通達的良好態度。

陰（--）陽（—）的關係

如影隨形

有如物體與影子，
永遠同時並存。
每一個陽爻，
都有陰爻的影子。
每一個陰爻，
也都有陽爻的影子。

可以互變

陰可以變陽，
陽也可以變陰。
陰極生陽，
陽極成陰。
物極必反，
對陰陽都講得通。

爻變卦也變

陽爻可以變成陰爻，
陰爻也能變成陽爻，
只要卦中有一爻變，
全卦便跟著改變。
牽一髮而動全身，
每一爻都是如此。

同時並存，又能互變，當然能通。

二、陰陽屈信相感通則生利

〈繫辭下傳〉曰：「往者屈也，來者信也，屈信相感而利生焉。」一般而言，「往」是向外，由下卦（內卦）向上卦（外卦）收縮，表示屈而退；「來」為向內，由外卦（上卦）向內卦（下卦）伸展，象徵伸而進。「屈」就是收縮，「信」則是伸展。屈信相感，便是收縮與伸展交相感應，各種利益也就因而產生。譬如泰卦（䷊）卦辭為「小往大來，吉亨」，意思是陰（小）原本應該在下卦，現在由下卦向上卦收縮，所以稱為小往；陽（大）原本應該在上卦，現在由上卦向下伸展，成為大來。我們從自然現象來觀察，陽氣由下卦向上升，陰氣從上卦向下降，陰陽兩氣上下交流，形成天地交泰，所以吉利亨通。反觀否卦（䷋），為什麼卦辭為「否之匪人，不利君子貞，大往小來」呢？因為大（陽）向外收縮，而小（陰）向內伸展，成為君子（大）道消，小人（小）道長的不良情勢，當然不利於君子，反而對小人有利。

上卦的陽氣和下卦的陽氣相比較，上卦的陽氣更容易趨於高亢，所以乾卦（䷀）上九爻辭特別提出「亢龍有悔」的警示。下卦的陽氣只要保持高度的警惕，應該可以无咎。需卦（䷄）九三爻辭：「需于泥，致寇至。」雖然到了水邊，但並未入水。雖然招致敵人來犯，只要敬慎，還是可以不敗。

陰爻在陽爻之下，為陰承陽，對陰陽兩氣都比較有利。陰爻在陽爻之上，為陰乘陽，對雙方的交流都比較不利。陽爻在陰爻之上，為陽據陰，則視其得所據或不得所據，而有善與不善的不同後果。

做人應該能屈能伸

往者屈也

往是向外，
實際上也是向上。
最好屈而退，
適當地收縮。
禮遇敬重比自己強的人，
隨時向他們學習。
畏大人，畏聖人之言。

來者伸也

來指向內，
實際上也是向下。
最好伸而進，
合理地伸展。
關心照顧不如自己的人，
展現以大事小的胸懷。
才也養不才。

合理地屈伸，泰然自如！

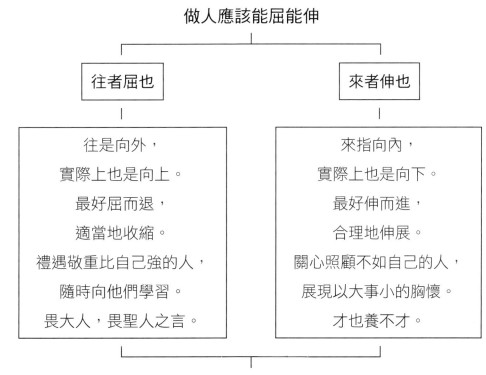

三、陰陽各自當位更易通達

《易經》六十四卦，每卦六爻，以初、三、五爻為陽位，二、四、上爻為陰位。倘若陽爻居陽位，陰爻居陰位，形成初九與六四、六二與九五、九三與上六各自相應，更加有利於互通。最明顯的便是既濟卦（䷾），初九與六四、六二與九五、九三與上六，俱皆相應。未濟卦（䷿）則是典型的六爻都不當位，所以也都不相應。其餘六十二卦，有當位的爻，也有不當位的，有相應的爻，也有不相應的。通或不通，各有程度上的差異。其中以三陰、三陽的卦，譬如泰卦（䷊）、否卦（䷋）、隨卦（䷐）、蠱卦（䷑）、噬嗑卦（䷔）、賁卦（䷕）、咸卦（䷞）、恆卦（䷟）、損卦（䷨）、益卦（䷩）、困卦（䷮）、井卦（䷯）、漸卦（䷴）、歸妹卦（䷵）、豐卦（䷶）、旅卦（䷷）、渙卦（䷺）、節卦（䷻）、既濟卦（䷾）以及未濟卦（䷿），由於內部陰陽數目相當，更加有利於調和與交流。

這些三陰、三陽的卦當中，噬嗑卦（䷔）離上震下，為口中有食物的象。卦名噬嗑，兩字都是口旁，和食物及言語有關。飲食為生命之源、言語得以互相溝通，兩者對人類生活都十分重要。口中無食物，飢餓時尤為緊張不安；口中有食物，倘若梗塞不通，甚至口不能合，也會令人不得安寧。所以口中有物，必須設法用牙齒咬斷它、咀嚼它，去掉作梗的物，恢復原本的上下通暢。民以食為天，口中有食物，還要咬碎嚥食。「噬」是以齒咬物，「嗑」指合口咀嚼。經過咬斷咀嚼的過程，人的飲食才能通暢。噬嗑象徵飲食通暢無礙，當然是通的第一要旨。如何噬嗑求通，是大家都應當學習的一門功課。

以人力促進陰陽互通

陰陽各自當位	陰陽並不當位
初九、九三、九五， 表示陽居陽位。 六二、六四、上六， 表示陰居陰位。 這些當位的爻， 比較容易互通。 初九與六四相應， 六二與九五，九三與上六， 也都相應。	倘若陰陽不當位， 並不表示不能相通， 而是寄望人力的發揮， 設法求其暢通。 以噬嗑卦為例， 只要六三與九四，六五與上九， 陰陽爻互變，成為既濟卦， 豈不是六爻皆當位， 更容易通暢？

精誠所至，原本不通也能通。

四．噬嗑喚醒我們志同道合

關於噬嗑卦（䷔）的卦名，〈雜卦傳〉有云：「噬嗑，食也。」明白指出口中咬合食物，和飲食有關。〈序卦傳〉則說：「嗑者，合也。」告訴我們「嗑」就是咬合，因為嘴巴不合起來，或者吃東西時喜歡講話，很可能就會使食物從口中掉落出來。

從卦象上看，噬嗑卦的重點應該是九四爻。倘若九四變成六四，那就成為頤卦（䷚）。上九為上嘴唇，初九為下嘴唇，當中六二、六三、六四、六五俱為陰爻，有如口中上下兩排牙齒，象徵大小通吃，所以稱為大快朵頤。由於吃得太容易、太順利，以致用不著擔心，不必計較會出什麼問題，反而對於是否志同道合、有沒有產生內訌的可能掉以輕心，不如噬嗑卦（䷔）同樣初九和上九象徵下嘴唇和上嘴唇，兩排牙齒當中，冒出九四這一個陽爻，代表出現堅硬的食物，必須設法加以排除（吐掉）或咬斷（變成碎而易食）。此時主要的訴求當然是志同道合，以求相得無間。倘若掉以輕心，很可能咬斷牙齒或挫傷牙齦，那就得不償失了。可見遇到艱難險阻而求其暢通，遠較毫無阻擋而暢通，對我們的成長而言，更具有深刻的意義和價值。

再看噬嗑卦（䷔）上離下震，離為中女、震為長男，象徵長男追求中女，多少要經歷過一些折磨和考驗，才能獲得美好的結局。人群社會，以噬嗑卦代表法律，卦辭曰：「噬嗑，亨。利用獄。」口中有物，咬斷嚼碎之後，自然亨通。同理，社會上若是出現違法亂紀的情事，對於這些並非志同道合的特殊人等，也應該透過法律程序施以刑罰，以維持良好的治安。

志同道合才能諸事亨通

噬ㄕˋ嗑ㄏㄜˊ，食也。

噬ㄕˋ嗑ㄏㄜˊ卦離上震下，
象徵口中有食物。
要吃得安心，吃得愉快，
自然應有合理的飲食之道。
噬ㄕˋ嗑ㄏㄜˊ兩字，都是口旁，
象徵語言溝通也很重要。
呼吸、飲食、言語都是口舌之用，
對人生而言皆十分重要。

噬ㄕˋ嗑ㄏㄜˊ，合也。

嗑ㄏㄜˊ即合，但不能勉強，
以免傷及口舌，反得其害。
要合得安心，合得愉快，
引申為合理的合作之道。
口擇食，言擇辭，都要謹慎。
志同道合，大家才能通力合作，
勉強湊合，並不能真合，
唯有精誠相待，才是真正的合。

物以類聚，人以群分。

五．最好的通即為政通人和

政通人和的意思，是指政事通達，而且人心和順。噬嗑卦（䷔）上離下震，離為火，代表光明，象徵以燭隱微；震為雷，代表威足以除暴，象徵刑罰勿枉勿縱。要求政通人和，必須明能夠察奸、威足以除暴。剛柔並濟，且能清除障礙，溝通順暢以止息爭端。所以彖辭曰：「頤中有物，曰噬嗑，噬嗑而亨。剛柔分，動而明，雷電合而章。柔得中而上行，雖不當位，利用獄也。」「頤中有物」指口腔中有物，必須用牙齒咬斷，才能夠隨意開口以獲得亨通。「噬嗑而亨」，多了一個「而」字，表示噬而嗑之即亨，倘若不噬，就不能嗑，不嗑也就不亨通了。本卦三陰三陽，剛柔很平均，所以說「剛柔分」，分得很平均的意思。「動」指雷的震動，「明」即火的光明，上離下震，果然震動而光明。「章」就是彰明、彰顯，雷（震）電（離）相合，產生出彰顯的效果。「柔得中」，指六五以陰柔居陽剛的位置，必須體會身居上卦中爻的責任，明白自己向上行的處境，雖然不當位，卻仍然成為本卦的卦主，這也就是職責所在，必須做出最後的定案。「獄」的意思，並不一定是指關進牢獄，而是一般的訴訟。對於訴訟的定案，過分柔弱等於姑息養奸，過分剛強嚴苛豈不是殘暴？所以噬嗑卦（䷔）不用九五而以六五擔當判決的重任，用意即在求其合理，勿枉勿縱。「利用獄」是指有利於判決訴訟的案件。怎樣才能「利用獄」呢？必須「柔得中」（六五居中位）而又「上行」，也就是不斷追求上進，累積經驗，反覆實驗，還要加上用心體驗，才能夠做出公正合理的判決。

政治的藝術在政通人和

政事通達

明能夠察奸，
還要威足以除暴。
剛柔必須並濟，
才能有效止息爭端。
噬才能亨通，
倘若不噬，那就不通。

人心和順

完全依賴法治，
人心難服。
若是放棄刑罰，
人心也很不安。
欲求人心和順，
必須勿枉勿縱。

剛柔相濟，恩威並重，不可偏失。

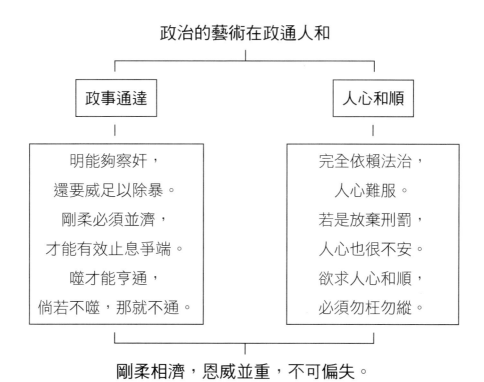

六、雷電噬嗑還要撫平創傷

雷電噬嗑能使眾人不敢存有不正當的念頭，然而孔子卻主張：「必也，使無訟乎。」（《論語・顏淵篇》）。他先說明「聽訟，吾猶人也」，表示自己也很擅長於審判訴訟，然而孔子的理想，是希望世上沒有訴訟的情事。刑罰的目的，旨在嚇阻犯意，達到備而不用的效果方為上策。因為刑罰會使人由自律、自覺、自主，降格為他律、被制約、被主宰，很可能造成「民免而無恥」（《論語・為政篇》）的惡果。人民只追求免於刑罰的層次，內心卻喪失知所羞愧的感覺。孔子並不反對暫時性的刑罰，不過，他的理想是施以長期性的「道之以德，齊之以禮」，用德化來教導人民，以禮治來規範、約束人民，使大家能「有恥且格」，不但會有羞愧之心，而且還能夠改過遷善。

〈序卦傳〉提到，噬嗑卦（䷔）促使人們整齊、相合，但是事物不可以苟且相合，所以接著出現賁卦（䷕）。透過禮儀、禮節、文明，來化育人民，期望以政治清而天下寧，禮教明而天下樂，來撫平刑罰的創傷，增進社會的文明。

噬嗑卦（䷔）和賁卦（䷕）互為「綜卦」，表示除了暫時性的刑罰，還需要長期性的德治，才能獲得真正政通人和的效果。然而「一陰一陽之謂道」，社會文明愈增長，盜竊亂賊愈橫行；社會經濟愈發達，道德意識愈低落。噬嗑卦（䷔）的錯卦為井卦（䷯），原來井有水，卻變成井無水，這是什麼道理呢？賁卦（䷕）的錯卦為困卦（䷮），是環境困人，還是人自困？這些都與「通」有相當密切的關係，必須把這四個卦合起來看，才能增進對於「通」的瞭解，促進對於「通」的運用。

刑罰公正還要能撫平創傷

法治為基礎

訴訟，吾猶人也。
孔子並不反對訴訟。
噬嗑卦促使大家整齊、相合。
用刑罰來達成短期的效果。
法治只是暫時性的，
不能夠以此為滿足。

德治善教化

必也，使無訟乎！
孔子更期望止息訴訟。
賁卦進一步塑造文明，
以禮節、道德來化育人民。
長期性的長治久安，
仍有賴德治為根基。

由法治而德治，不宜苟且只求眼前的利益。

我們的建議

1 當今地球村的時代，經濟先通、資訊互通，但是文化難通。然而，「文化難通」卻是合理的，因為文化可以交流，卻不能夠被取代；只能彼此包容，卻不能夠被整合。各有各的特性，應該互相尊重。

2 普世價值，原本就是強勢文化主導的產物。文化主流一旦改變，普世價值便自然而然會隨著調整。噬嗑卦（䷔）象徵改變時的雷電交加，賁卦（䷕）則表示化成天下的撫平過程。二十一世紀在這方面將出現重大變通。

3 變通的意思，是變而能通。倘若變而不能通，表示並不合乎當代的需求，自然難以持久。以當代的需求為對象，符合自然的標準，在天（自然）人（當代需求）合一的前提下，來調整現行的普世價值，是我們應盡的責任。

4 地球村最需要的自然律，莫過於「一陰一陽之謂道」。一本萬殊，才能夠並行而不悖。依據易理來調整現行的普世價值，應該是有效的途徑。彼此互不妨礙，能多方交流。

5 現代公路有雙線、三線、四線之分，目的在於適應不同的需求。每個人可以依需求選擇適合的道路；而公共建設在規劃時，也能考量私人需求，提供不同的選擇，便可說是真正的「道並行而不相悖」。

6 水上、陸路、空中各有其交通系統，共同以「通」為首要任務。通或不通，主要關鍵在於人。所以人的道德修養，在二十一世紀顯得尤其重要。無論中外，俱皆如是。

《第四章》

噬嗑卦六爻
說些什麼？

噬嗑卦闡釋刑罰的原則在剛柔並濟，
合理、正直、明察、果斷，還要能公正執行。

上離下震，象徵上卦三爻為施刑人，
必須具有離火般的明察和明亮、明正。

下卦三爻，要明白自己為什麼受震撼？
既然是受刑人，就應該自省、自覺以求改善。

受刑人因地位不同、處境不一，採取不相同的刑罰，
看似不平等，實則為真正的平等、合理的不公平。

施刑人以六五為主，柔軟不過分剛強，
配合九四和上九的剛硬，才能剛柔並濟。

上足以明察奸佞，下能夠及時被震醒，
政通人和，是社會和諧、上下同心協力的基礎。

一。加刑具於足使其不再犯

噬嗑卦（䷔）下震上離，卦辭：「亨。利用獄。」元、亨、利、貞四德，只有亨和利，還特別加上「用獄」的限制條件。牙齒咬物使合，並不需要每一次都傷腦筋，所以把「元」字隱而不現。實際上，食物送入口中之前即應小心，眼睛看清楚、鼻子聞氣味，需不需要噬嗑，應當心中有數。一放入口中，便知道如何因應，所以亨通。此理應用在審判刑案上也十分適宜，因此「利用獄」。

初九居下震的下位，象徵初次受刑罰的人，爻辭：「屨校滅趾，无咎。」小象曰：「屨校滅趾，不行也。」初九以陽爻居陽位，表示持強硬的態度，卻觸犯了法律，成為被刑罰的對象。對於初犯的人，我們姑且認定本無惡意，所以儘量從輕發落。「屨」是鞋，「校」則為刑具。古代有三種木製的刑具：用來套在頸部的稱為「枷」；套在手上的叫做「梏」；套在足部的名為「桎」。三種刑具合稱為「校」。在足上套桎是最輕的刑罰，因為看不到足趾，所以說「滅趾」。木製的桎套在足部，難免大小不合，且木製刑具容易損傷皮肉，因此使人不良於行。透過此種刑罰，能促使犯者自覺：走這條路是行不通的！倘若深有悔意，決心不再犯，當然无咎。雖然身體受到一些小傷害，卻不致於產生什麼禍患。

初九當位，表示正直的人有時也難免犯錯。不論有心無意，只要知錯必改，執法者用不著輕罪重刑，反而應該對初犯僅施薄刑，促其迷途知返，不再往這條行不通的路亂竄，就已經達到嚇阻再犯的功效了。適可而止，才是明智的措施。

噬ㄕˋ嗑ㄏㄜˊ

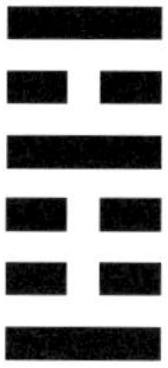

初九，屨ㄐㄩˋ校滅趾，无咎。

初九居下震的下位，象徵初次接受刑罰的人。以陽爻居陽位，表示正直者也可能觸犯法律。我們姑且認定其本無惡意，儘量從輕發落。「屨ㄐㄩˋ」是鞋子，「校」為刑具。給他穿上木製的桎ㄓˋ，是最輕的處罰。由於看不見腳趾頭，所以說「滅趾」。木桎ㄓˋ堅硬且缺乏彈性，能警示犯者這條路走不通，務須早日回頭是岸，改過自新。倘若受刑人有這樣的覺悟，決心永不再犯，當然无咎。

顧及受刑人的顏面，在腳上施刑，比較不明顯。

二、噬而嗑之而後合則易之

噬嗑卦（䷔）大象曰：「雷電，噬嗑，先王以明罰勑法。」上離為火、為電；下震為雷。上電象徵明察，下雷表示刑威。噬嗑原本是口中有食物，用上下牙齒適度噬斷，並且細加咀嚼的意思。先王由這種自然動作中，體悟出明罰勑法的道理。「明」為申明，凡有刑罰必申明在先，令眾人週知，以知所警惕。「勑」即端正，所有法令必須合理，也就是符合社會公義的要求。上離為明，象徵明足以察奸；下震為動，表示威足以除暴。既明智立法，又能除暴安良，政通人和的理想當然比較容易實現。六二、六三、九四形象為艮卦，象徵口中的食物，制止了口的相合。六二以陰爻居陰位，又是下震的中爻，表示這樣的人犯法，已經是知法犯法，若不從重量刑，整個法律豈不等於停擺？

所以六二爻辭：「噬膚滅鼻。无咎。」小象曰：「噬膚滅鼻，乘剛也。」六二以陰爻居初九陽爻之上，當然是乘剛。依據《易經》的常規，陰爻在陽爻之上，為陰乘陽。陽爻既然被乘陵在下，那就逆而劣。「噬膚」指初九傷及足部皮膚的刑罰，對六二起不了警戒的作用，那就只好施以較重的「滅鼻」之刑，把鼻子割掉一點，更加引人注目，應該會對受刑人產生更大的作用。倘若真能夠因此而改過，當然无咎。若是受此重刑，仍然不知悔改，必然有咎。

上卦為離，表示施刑者必須正大光明；下卦為震，則是受刑人應該承受愈來愈強烈的震動。換句話說，初犯者傷其皮膚，再犯或明知故犯的人，當然更應加重其刑罰。

噬ㄕˋ嗑ㄏㄜˊ

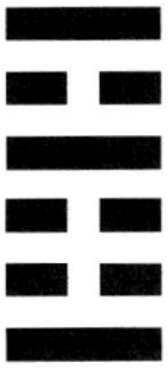

六二，噬ㄕˋ膚滅鼻。无咎。

六二即使不是再犯或慣犯，起碼在社會上的地位比初九高。以陰爻居陰位，又居下震的中爻，理應居中得正，現在卻自己也犯了法，豈不是知法犯法？必須從重量刑，以警效尤。穿木桎ㄓˋ僅能傷及皮膚，又不容易被人發現，所以改採滅鼻的刑罰，把鼻子割掉一部分，讓大家都看得見。既然不知自愛，不能自重，又何必顧慮他的顏面？倘若施以這樣的重罰，能夠促使六二及時悔悟，也是无咎。

知法犯法，罪加一等，務必量以重刑。

三．久而不能噬小心會遇毒

六三爻辭：「噬腊肉，遇毒。小吝。无咎。」小象曰：「遇毒，位不當也。」六三以陰爻居陽位，且不得中，所以說位不當也。「腊肉」即為臘肉，雖然不是新鮮的肉類，但是仍然可以食用。現在吃的量過多，或者處理不得當，以致引起食物中毒。象徵六三經過初九的「屨校滅趾」，不知悔改，又經歷六二的「滅鼻」，依然無動於衷，對待這樣的人，我們只好把他當做中毒已深，處理起來比較棘手。換句話說，六三的地位比六二、初九為高，同時也考慮到，所受的各種誘惑使其難以自持，好比口中的腊肉，久久不能噬斷咀嚼，必然遇毒。既然位不當也，不如把他改變位置，並且施以有如中毒般的重罰。由於六三與上九相應，上九應該明白若非支持六五，妥善處置六三，必然引起眾人的不滿。初九、六二看到六三所受的刑罰，當然心悅誠服。這樣的案件，對整個社會產生若干不良影響，稱為小吝，卻因為噬嗑卦的主旨，在於克服障礙以求通暢和合，所以仍然无咎。

下卦為受刑人，由初九、六二到六三，由於位置不同，處境不一樣，而且各人的犯罪情況也各有差異，所以採取不相同的處理方式，以求合宜，這便是所謂的只能公正、不可能公平。在噬嗑卦中看得十分明顯，對不同的口中食物，採取不一樣的處理方式，目的都在求合，只要能合，便稱為无咎。我們要求上卦施刑者，無論在立法、司法、執法方面，都應該像離火那樣光明正大，採取正己正人的原則，做到明足以察奸，威足以除暴，大家便應該心悅誠服。

噬ㄕˋ嗑ㄏㄜˊ

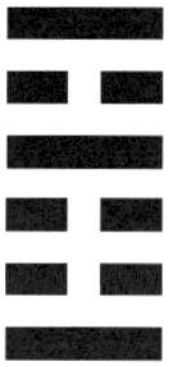

六三，噬ㄕˋ腊ㄌㄚˋ肉，遇毒。小吝。无咎。

六三以陰爻居陽位，並且不是下震的中爻，表示不當位又處理事情不得當。腊ㄌㄚˋ肉雖然不是新鮮的肉類，仍然可以食用，居然會中毒，顯然是食量過多或處置不當所引起。象徵六三經過初九的刑鞋，六二的滅鼻，依然不知悔悟，似乎是惡性嚴重、嗜毒已深。既然不當位，不如改調其他職務，遷徙至其他區域，並且施以有如中毒般的重刑。雖然產生不良的影響，而有了小吝，倘若能夠因此而真正悔改，當然也是无咎。

惡性重大，中毒已深，必須改變環境，加重刑罰。

四、知艱難能堅持自然吉祥

噬嗑卦（䷔）的上九和初九兩爻，象徵口的上下嘴唇，六二、六三和六五，代表口中的牙齒，而九四此一陽爻，則是口中的堅硬食物，必須上下嘴唇和口中的牙齒通力合作，齊心協力，才能噬斷九三，並且加以咀嚼消化。這種自然現象，也可推及人事的運作。噬嗑卦的卦辭，特別指出「利用獄」，意思是透過合理的刑罰，以求政通人和。上卦離代表施刑人，下卦震象徵受刑人。上卦以六五居中為主，九四和上九居於輔助的位置。六五以柔居中，上下都是陽爻主剛，應該是良好的安排，務求剛柔並濟。

九四爻辭：「噬乾胏，得金矢，利艱貞，吉。」小象曰：「利艱貞吉。未光也。」「乾胏」指帶骨的肉脯，很不容易食用。「金矢」譬喻剛直，以金屬製造的箭矢，來提醒九四這位施刑人。九四以陽爻居陰位，正好在六五陰爻之下。為了避免六五以柔乘剛的不利後果，九四必須體會「噬乾胏」的艱難，抱持剛直的態度，面對下震這些不容易心悅誠服的受刑人，務求排除萬難，克服艱辛，尋求有利於刑罰之後的和諧，才能獲致吉祥。在噬嗑卦中，九四爻扮演十分重要的角色，如果說六五是主要的審判官，九四便是初審的判決者，為六五做出最好的把關，以求勿枉勿縱，冷靜果斷，堅持正道，面對各種艱難都毫不畏懼。但是畢竟只有六五才能做出最終的判決，所以雖然九四以艱貞為有利的條件，有時也不能不尊重六五的意見。「未光也」的意思，便是提醒九四，自身的光明來自六五，不要認為能夠自行發光而武斷獨行。

噬ㄕˋ嗑ㄏㄜˊ ䷔

九四，噬ㄕˋ乾胏ㄗˇ，得金矢，利艱貞，吉。

上卦為離，表示施刑人必須光明正大，絕無營私舞弊、公報私仇的不法行為。以六五為中心，採心中（六五）柔軟而態度（上九與九四）堅硬的方式。九四以陽爻居陰位，雖不當位，卻有做惡人、扮黑臉的決心。「乾胏ㄗˇ」是帶骨的肉脯，很不容易食用。九四抱持「噬ㄕˋ乾胏ㄗˇ」的心情，以金屬箭頭那樣剛直的態度，面對下震這些不容易心悅誠服的受刑人，務求排除萬難，克服艱辛，尋求有利於刑罰之後的和諧，才能獲致吉祥。

施刑人堅持原則，公正執行，還要尋求有利於刑罰之後的和諧。

五、守正知危才能公正斷案

六五以陰柔居剛位，又是上離的中爻，雖不當位，卻由於任務重大，仍然是全卦的卦主。六五爻辭：「噬乾肉，得黃金，貞厲，无咎。」小象曰：「貞厲无咎，得當也。」

這裡所說的「得黃金」，並不是得到現代人所珍視的黃金。「黃」代表土的顏色，在五行之中，位居東方木、西方金、南方火、北方水的中央。古人認為中央土象徵中庸，而黃色和東方木的青色、西方金的白色、南方火的紅色、以及北方水的黑色，都很容易協調。「金」的意思，則是剛強而堅硬。「得黃金」是指中和而剛強，「噬乾肉」即為抱持吃乾肉那樣的謹慎態度。「貞厲」指堅守正道以防止危險，所以无咎。六五如何能堅守正道以防止危險呢？答案是：刑罰合理得當，才能无咎。六五雖然陰柔，卻居上離的中位，有足夠的威信可以斷案。但是守正之外，還應該知危。對於九四的裁決，能夠支持的，當然要全力肯定，倘若有產生不良後遺症的危險，也應該酌情加以變更。這種權宜措施，由於六五身居主位，比九四更為瞭解，所以有時看起來不見得完全合理。若是方便說明的，不妨向九四解說其中的緣由，若是不方便說明，也可以逕自裁定。九四接受最好，如有疑問或不服，可以委請上九出面代為協調。實際上，這也是製造上九避免「聰不明」的良好機會。九四利艱貞，也應該明白六五的苦心，以「未光也」來自我警惕，盡量配合六五的裁決。只要不營私舞弊，或者故意選擇性辦案，以不正之身治人，九四與六五剛柔並濟，實在是良好的配合。

噬ㄕˋ嗑ㄏㄜˊ ䷔

六五，噬ㄕˋ乾肉，得黃金，貞厲，无咎。

六五以陰爻居陽位，又是上離的中爻，雖不當位，卻能秉持剛柔並濟的中道。六五是全卦的卦主，擁有最後的裁決權，最好抱持吃乾肉那樣的心情，不緩也不急。協調性高的黃色，具有能夠調和各種顏色的特性，以及和金屬一樣剛強且堅硬的特質。內在堅定而外在協調，符合內方外圓的原則。既能保持公正又能防止危險的發生，所以无咎。

擁有最後裁決權的施刑人，必須內在堅定而外在容易協調。

六．積不善成惡名必須大懲

噬嗑卦（䷔）上離（明）下震（動），象徵上卦三爻為施刑人，而下卦三爻則代表受刑人。上離的用意，在提醒施刑人必須光明正大，因為「離」即是明，施刑人站在高處，一舉一動，萬民所視，可以說無所遁形，而公正與否也難逃人民雪亮的眼睛。九四、六五、上九三爻，以六五為主，擁有最後的裁決權。九四是初審，依法判刑，以符合中爻六三、九四、六五為坎、為水、為智、為法律的精神。九四居互體坎卦（䷜）的中位，當然要以法律為依據，秉公處理，至於其他顧慮，六五自然能夠處理。上九以陽爻居陰位，並不當位，又居於全卦的上端，最好能不高亢，適時合理支持六五，出面為其打圓場，才能避免凶險。

上九爻辭：「何校滅耳，凶。」小象曰：「何校滅耳，聰不明也。」「何」指負荷，「校」為枷，意指人情包袱重擔壓在肩膀上，有如枷架般，不僅使自己忘記了維護公義的任務，也掩滅了耳朵的聽覺，當然凶險。「聽不明也」，是指上九倚老賣老，不斷以人情來影響六五的裁判。〈繫辭下傳〉：「善不積不足以成名，惡不積不足以滅身。」上半句若是針對六五而言，下半句豈不是對應了上九的「聽不明也」？累積許多的惡行，當然足以滅身，自招凶禍。六五是老大，上九為大老。照理老大應該尊敬大老，但是大老最好明白自己的處境和任務，必須居高思危，以全體人民的福祉為念，六五若有不當的裁決，自應合理加以規勸；若是六五裁決得當，上九就不可以因為私人恩怨，而用任何理由企圖變更六五的判定。

噬ㄕˋ嗑ㄏㄜˊ

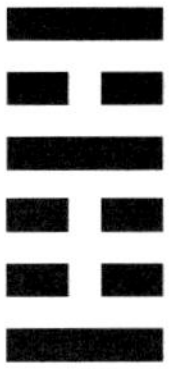

上九，何校滅耳，凶。

上九是大老，照理説應該充分支持六五這位老大的決定。但是上九位於全卦的頂端，又是陽居陰位，難免由於不當位而舉措失當。上九與六三是全卦中唯一相應的，象徵六三以情相托，上九為其迷惑，而不支持六五。好比人情包袱重壓在肩膀上，掩住了耳朵，以致「聽不明也」，而做出糊塗事。倘若一而再、再而三，累積多次的惡行，當然會招致凶禍。

身為大老，不可以因為人情而影響判決，以免自招凶禍。

我們的建議

1 噬嗑卦（䷔）的主旨，在求和合。既不傷及牙齒、口腔，又要完成噬斷和咀嚼的功能，務求口能自然開合。所以各爻的主旨，都應該朝向「和合」這個整體目標才合理。

2 施刑人固然應該光明正大，受刑人也應該明白自己之所以接受震撼教育的原因，務求虛心受教，用心檢討自己的過失，並且抱持有錯必改、永不再犯的決心。

3 施刑人以六五為主，九四與上九最好全心全意加以配合。若六五的決定合理，就沒有理由加以干擾；若六五的裁定不合理，也應該委婉規勸。九四勸諫無效，上九不妨再試一試。倘若上下勸諫都無效，最好支持六五的判定。

4 初九、六二、六三都是受刑人，由於位階、職責和所處環境不同，所以接受的刑罰也不相同。初九用腳桎，比較不明顯；六二採滅鼻，容易被發現；六三改變位置更換職務，同時施以中毒般的重罰，各有其考慮因素。

5 我們最擔心害怕的，是施刑人不公不義。噬嗑卦以離（䷝）為上卦，六五居上九與九四的中位，應該採取君主無為，而幹部大有為的互動策略，務求明察、公正、果斷。

6 法治是政治的基礎，目的在保障善良的人民，排除社會惡勢力，預防各種罪惡的產生和蔓延，不得不採取小懲大戒的手段，因此務必堅持公正、公義、剛柔並濟的原則。

《第五章》

賁卦六爻
有哪些啟示？

賁的文意，原本是修飾，
但賁道的根本主張卻是反璞歸真。

首先，文飾務求恰當，不宜過分，
應該取法乎上，不能只看重外表。

盡量自我充實，不可被文飾迷失，
實質重於外表，高尚而不流於粗俗。

所有的文飾，都是空虛而不實的，
本來的面目，才最值得重視。

當禮法達到極致時，就要回歸原點，
如此人性的光輝，才不致為文明所淹沒。

凡事有利必有弊，文明亦復如此，
如何求取妥當平衡，值得提倡文明者深思。

一．符合身分不宜過分華飾

賁卦（䷕）卦辭：「賁，亨，小利有攸往。」賁字上面是「卉」，下面是「貝」，皆指修飾用的裝飾品。對個人來說，可能是裝飾自己，也可能是設法偽裝。對社會來說，則是各種禮儀、禮節，甚至於文明。上艮下離，艮為陽卦，象徵強大；離為陰卦，象徵弱小。陰陽兩卦代表正反兩向，可以說一利一害。社會文明愈增長，人類的本性相對愈被掩沒。離在內，顯示內心亨通；艮在外，則是有所阻礙，所以只有小利而不能大通。無論朝哪個方向修飾，都是如此。

初九爻辭：「賁其趾，舍車而徒。」小象曰：「舍車而徒，義弗乘也。」初九以陽爻居陽位，也是全卦的初爻，和腳趾一樣，處於全身的始位。「趾」的含義是行，「賁其趾」便是修治自己的行為。初九和六四相應，倘若多方鑽營，向六四討得一官半職，以初九陽剛當位，並非不可能。但是初九認為自己既然在初位，並無一官半職，就應該守分，寧可徒步行走，而不求有車可乘。初九的上面是六二，按照下離（☲）的精神，六二寧可犧牲自己，也要成全初九和九三，以發光發熱。初九對於六二的奉獻，同樣捨而不就，因為只有陽爻在陰爻之上，才能「乘」。現在初九以陽爻居六二陰爻的下面，最好不要乘。初九的主旨在奉勸我們：所有的文飾都應該符合自己的身分，不必過分求其華麗，以免喪失磨練自己的機會。倘若養成華而不實的不良習慣，最後還得自作自受。趁著年輕，少坐車多走路，鍛鍊體魄，養成刻苦耐勞的習慣，到年老時依然健步如飛，才知道少年吃虧，原來是占了便宜。

賁ㄅㄧˋ

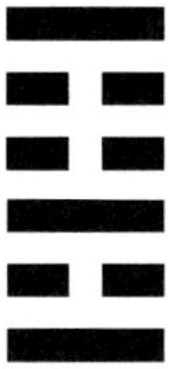

初九，賁ㄅㄧˋ其趾，舍車而徒。

賁ㄅㄧˋ其趾，並不是現代流行的塗飾腳趾甲，或者在腳上增加裝飾品。「趾」指行為，「賁ㄅㄧˋ其趾」便是修治自己的行為。初九以陽爻居陽位，有志氣，有能力，也肯上進。然而初出茅廬，尚無社會地位，倘若出門就想乘車，不願意走路，如何培養刻苦耐勞的習慣？又怎麼能夠守分？所以捨棄有車可乘的機會，寧願按部就班，一步一步充實自己的實力，才是恰當的選擇。

文飾必須恰當，符合自己的身分地位。

二・先求實質然後加以修飾

賁卦（䷕）彖辭曰：「賁亨，柔來而文剛，故亨；分剛上而文柔，故小利有攸往。剛柔交錯，天文也；文明以止，人文也。觀乎天文，以察時變；觀乎人文，以化成天下。」賁卦為什麼亨通？因為從卦變來看，賁卦（䷕）是損卦（䷨）的六三與九二交換而成，也是既濟卦（䷾）的上六與九五交換而成的。無論如何，都屬於柔爻下降，裝飾原來的剛爻；而剛爻上升，裝飾原有的柔爻，所以亨通。損卦的六三與九二交換，內卦就變成離，因此光明而亨通。既濟卦的九五與上六交換，外卦就變成艮，有阻止之意，因此不宜大往，只能有利於小往。剛爻與柔爻相錯，有如日月星辰的交互運行，屬於天文的景象。內離外艮，表示文明應該止於人性的需求，才是人所需要的文飾。觀察天文運行，可用來明瞭四季時序的變化；觀察人倫秩序，可用以教化天下，使大家能夠適時移風易俗，過正常人的生活。

六二爻辭：「賁其須。」小象曰：「賁其須，與上興也。」「須」即是鬍鬚的鬚，賁卦的九三、六四、六五、上九，所呈現的形象（⚊⚋⚋⚊）與頤卦（䷚）相似，六二緊接著在下面，好比下顎的鬍鬚。六二陰居柔位，又是下離的中爻，既中且正，與同樣當位的九三相鄰，彼此在上艮都沒有相應。由於異性相吸，共同努力，好比下顎的鬍鬚，與上面的下顎同時行動，所以說「與上興也」。「賁其須」的用意在告訴我們：先求實質然後加以文飾，而文飾的時候，也應該取法乎上，力求高尚而不趨於粗俗。下顎堅實，鬍鬚才能發揮良好的修飾作用。

賁ㄅㄧˋ

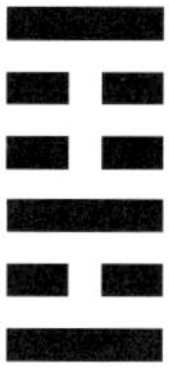

六二，賁ㄅㄧˋ其須。

六二以陰爻居陰位，又是下離的中爻，既中且正。有了良好的實質，當然可以有所文飾。九三、六四、六五、上九，看起來和頤卦很相似，都呈現口形。倘若九三是下顎，六二便是下顎上面的鬍鬚，能做到修飾的效果，所以說「賁ㄅㄧˋ其須」，表示下顎剛實，鬍鬚才會顯得莊嚴美好。六二與六五不相應，九三與上九也不相應，於是六二和九三彼此相比相親，也符合異性相吸的定律。賁ㄅㄧˋ卦啟示我們：文明不過是外表，如果缺乏良性的人性發揚，文明充其量也只是一大堆好看的形式，難以發揮其實質的效用。

先求實質的增強，才能講求合宜的文飾。

三、所有修飾不失本來面目

賁卦（䷕）大象曰：「山下有火，賁；君子以明庶政，无敢折獄。」賁卦上艮下離，艮為山，離則為火。山下有火，火勢雖然被山阻擋住，不能夠蔓延，火光卻照耀山上的草木萬物，顯得十分華麗而光明。君子由此聯想到光明政治，足以德化人民的道理。即使明察證物中許多瑣碎的小事，也不敢因而運用自身的權力和經驗來處理訴訟。因為修明政務是文明的象徵，裁決案件都需要去除文飾，訴諸實情。賁卦外艮內離，對庶政再明白，遇訴訟也不宜妄斷。

九三爻辭：「賁如濡如，永貞吉。」小象曰：「永貞之吉，終莫之陵也。」九三以陽爻居陽位，上面是六四，下面為六二。六二、九三、六四構成坎水的象，表示很容易被水淋濕，並且有危險。九三陽剛，被六二和六四這兩個陰柔裝飾得光澤柔潤，但是畢竟都不是九三相應的爻位，與上九又不相應，更應該永遠堅守正道，才能獲致吉祥。「陵」即是凌，被六二和六四凌辱，當然是九三不願意見到的情況。唯有堅守正道，不為六二和六四的文飾所迷惑，才能維持柔潤的色澤，又不致喪失自己的本性。所有的文飾，原則上都不應該損害原本的面目。九三陽剛，夾在上下兩個陰爻之間，原有的陽剛之美，必須永久保留，才是正道。「賁如」是裝飾一新的意思，「濡如」則為潤澤的樣子。多走路少乘車，體力增強了，鬍鬚也長出來了，注重保養，滋潤皮膚，只要不是依賴化妝品的掩飾，而是由內而外的滋潤，就是良好的現象，用不著擔心害怕，可獲吉祥。

賁ㄅㄧˋ ䷕

九三，賁ㄅㄧˋ如，濡如，永貞吉。

「賁ㄅㄧˋ如」是裝飾一新，「濡如」則是潤澤的樣子。九三以陽爻居陽位，卻被六二和六四兩陰爻夾在中間。由於六二與六五、九三與上九都不相應，六四雖然與初九相應，卻與九三鄰近，以致六二、六四都在有意無意間，與九三陰陽交錯，把九三文飾得十分滋潤。九三為求不失去原本陽剛的面目，必須堅守正道，才能永保吉祥。

所有的修飾，都不應該失去原本的面目。

四．崇尚素淨有利陰陽交合

賁卦（䷕）上艮下離，初九、六二與九三，由「賁其趾」、「賁其須」到「賁如」、「濡如」，難免都有文（文飾）勝質（實質）的可能。所以九三爻辭曰：「永貞之吉，終莫之陵也。」提醒我們應該固守實質而不過分追求文飾。〈序卦傳〉：「賁者，飾也。」賁就是文飾的意思，但〈雜卦傳〉又說：「賁，无色也。」賁卦的文飾，應當以純樸無色為美。可見賁卦一方面講求外表的文飾，一方面也重視實質的樸素。《論語．八佾篇》記載孔子所言：「繪事後素」，即在說明「繪畫先敷塗色彩，然後用素色勾勒線條，才能顯現出輪廓」的道理。

上艮為山，土石草木原本都是樸素的實質。當快下山的夕陽（下離）反射在山上時，照耀得五彩繽紛，這種文勝於質的表象，到了上艮應該逐漸有所艮止。六四爻辭：「賁如皤如，白馬翰如，匪寇婚媾。」小象曰：「六四，當位疑也，匪寇婚媾，終无尤也。」「賁如」即文飾一新，「皤如」指去除文彩，恢復原來白素的本質。六四以陰爻居陰位，與初九相應。六四與初九，是全卦中唯一相應的一對陰陽。「翰如」是像鳥那樣快速飛行。六四騎著白馬，跑得像鳥飛那麼快，一心想要和初九陰陽交合，互相文飾。但是夾在當中的九三陽剛當位，認為六四在自己的上面，好像有意乘陵，因而有所阻擋。後來明白六四並沒有敵意，而是欣賞初九的舍車徒步，彼此同樣崇尚質勝於文，這才對六四解除懷疑和顧慮，所以說「當位疑也」。六四和初九，終於志同道合，順利交合，終无怨尤也。

賁ㄅㄧˋ

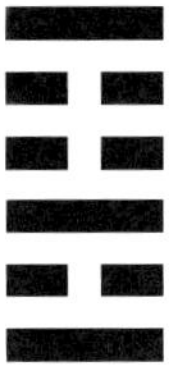

六四，賁ㄅㄧˋ如皤ㄆㄛˊ如，白馬翰如，匪寇婚媾。

六四和初九，是賁ㄅㄧˋ卦中唯一相應的陰爻和陽爻。由於欣賞初九的捨車徒步，重質不重文，所以自己也不加文飾，以原來樸素的樣子，騎著白馬，像鳥那樣快速飛行，想要和初九會合。但是六四以陰爻居九三陽爻之上，不免引起九三的懷疑，是不是有意乘陵？因而橫生阻擋。後來知道是為了和初九交合，並不是前來侵略九三，這才順利放行，使這兩位重實質而不求虛榮的同道，終能無怨無尤地，以六四的白素來文飾初九的剛實。

外在虛假的禮儀，遠不如內在實質的講理，更能維持良好的秩序。

五。不拘形式在乎用得其當

文飾若是不重要也不必要，我們就用不著研究賁卦。若文飾勝過本質，終究是虛有其表，不如文質並重，使形式與實質互相配合為宜。六五以陰爻居陽位，又是上艮的中爻，柔居中位，象徵內心的本質良好，不但不會因私害公，而且能以天下百姓的心念為重。所以六五爻辭：「賁于丘園，束帛戔戔。吝，終吉。」小象曰：「六五之吉，有喜也。」六五是賁卦（䷕）的卦主，賁為文飾，一般的做法總是錦上添花，免不了奢華腐敗。因為崇尚文飾，很容易貪圖享受，以致喪失自己的志氣，也敗壞社會的風氣。「丘園」指田園，「束帛」即財物，「戔戔」則是微小。六五陰柔，卻能夠重視田園的建設，農村的開墾，對於財物能夠簡單樸實，不計較多寡，雖然看似吝嗇，終久會獲致吉祥。六五明白自己的任務，即在彖辭所言的：「觀乎人文，以化成天下。」把心放在天下人身上，立公心為大眾著想，並不專門注重城市的發展，還同時兼顧鄉村的安足，有這樣的胸懷，當然有喜。什麼人有喜？天下百姓有喜。有這種賢明、善良的主導者，凡事不拘形式，務求用得其當，因而百姓有福，當然有喜。

很多人對禮教心存疑慮，主要是現代人經常過分重視行為規則，卻不能發揮仁心的緣故。久而久之，養成少數政客滿口仁義道德、凡事講究禮節，實則心狠手辣，行事令人心寒膽顫。人離不開文，人和文合在一起，才有人文。但是文必須能用來彰顯人的道德精神、提升人的價值，才是用得其當，合乎賁卦的要求。

賁ㄅㄧˋ

六五，賁ㄅㄧˋ于丘園，束帛戔ㄐㄧㄢ戔ㄐㄧㄢ。吝，終吉。

「丘園」指農村的田園建設，「束帛」是禮尚往來的財物，「戔ㄐㄧㄢ戔ㄐㄧㄢ」表示微小而不豐富。六五是賁ㄅㄧˋ卦卦主，以柔居中，象徵內心仁厚而文飾合理。雖然乍看之下有些小氣，顯得吝嗇，實際上對社會風氣大有助益，至少可以抑制奢侈、虛榮的不良風氣，所以最終必能獲致吉祥。

凡事不應該過分重視形式，最好能合理妥當運用為宜。

六。無色無華更顯自然真趣

年輕人著重能力和志氣，對於文飾往往不太在意，就算徒步而行，也不致羨慕乘車的人，絲毫不自卑。老年人歷經滄桑，看盡人間冷暖的變化，深深覺悟再怎樣文飾，也騙不了別人，頂多能在短時間內騙騙自己罷了！

因此上九爻辭明白指出：「白賁，无咎。」小象則曰：「白賁，无咎，上得志也。」「白賁」的意思，是不再文飾，完全以純真的面目呈現在大眾面前。反正上九居全卦的極位，依據《易經》「上易知」的通例，想隱瞞也無濟於事。文飾至極，由於物極必反而回歸本質的原點，自然不致產生流弊或造成禍害，所以无咎。賁道的主旨，是文質兼顧並重，務求合理得當。下卦為離為火為明，所以文勝於質。上卦為艮為止，務求篤實。上九是上艮的主爻，所以居上位而深得賁道的意志，稱為「上得志也」。文勝反歸於質，無色無華更顯得自然而純真，白馬、白賁，皆是以白為飾，似乎有文更勝於質的啟示。到了上九，還能夠保持賁道的精神，致使六五有喜，廣大的人民也跟著有喜而享福了。

「白賁」象徵事物不論怎樣向上發展，都不應該偏離原有的本性，才能成就賁道的精神。狗有狗性，馬有馬性，人也有人性。一切文化皆不能違背人性，否則就不可能持久。

賁，无色也，主要在告訴我們：與其過分文飾，還不如不加修飾。現代科技發達，人造花幾可亂真，有時色澤比自然花更為鮮豔，因此「太美了，不可能是真的」的印象，便成為人們習於伸手觸摸，以判明真假的一種內在驅力。

賁ㄅㄧˋ

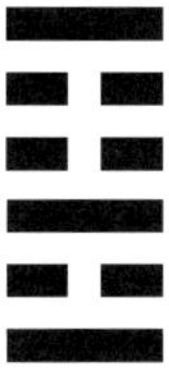

上九，白賁ㄅㄧˋ，无咎。

白賁ㄅㄧˋ是毫無文飾的意思，一切以真面目呈現。上九居全卦的極位，又以陽爻居陰位，很難得无咎。現在由於深明大義，知道賁ㄅㄧˋ道的根本主張是返璞歸真。經過各種五彩繽紛的考驗後，能夠還我本色，以純真無飾的真面目來安然自處。已經瞭解一切事物不論如何向上發展，到頭來都應該回歸本性的道理，所以无咎。

事物發展到最後，必然返璞歸真，回歸正道。

我們的建議

1 賁卦（䷕）六爻，從有色到無色。無論喜歡人生是彩色的，或者抱怨人生是黑白的，最後終將返璞歸真，體會出只要心中有仁愛，彩色或黑白，其實都十分可愛。

2 初九「賁其趾」，六二「賁其須」，一剛一柔，上下互相文飾。有初九的志氣，才有六二的神氣。先求充實自己，憑實力發展，日後便可以蓄鬍而不引起他人的反感。

3 九三以剛實而居六二、六四兩陰柔之間，必須依循正道，才能在兩柔文飾一剛的情況下，不致迷失了自己，始終能夠自持，不受凌乘，秉持永貞，以獲得吉祥。

4 六四和九三也是一陰一陽，剛柔互相文飾。九三自己保持正當的態度，六四終於不再疑惑，放心和九三良性互動，並且透過九三的協助，與初九志同道合，共同為賁道而努力。六四與初九相應，更加證明九三的永貞。

5 六五能夠放心地發揮「禮輕情意重」的精神，勇於千里送鵝毛，可見已經深明賁道的真義，凡事以誠、敬為重，並不需要拘泥於形式。質重於文，有上九的衷心支持，不但六五有喜，廣大的人民也因有福而欣喜萬分。

6 噬嗑卦（䷔）和賁卦（䷕）要合起來看，不能分開來想，才能看得透徹，想得通暢。刑罰不過是手段，文化才是真正的人文。〈序卦傳〉曰：「物不可以苟合而已，故受之以賁。」賁卦緊跟在噬嗑之後，當然有其必要性。

《第六章》

如何看待
噬嗑和賁卦？

噬嗑卦和賁卦，要合起來看，
單看卦象，就能發現兩者十分相似。

上九和初九兩陽爻，象徵固定的範圍，
說明無論刑罰或文飾，都具有區域的侷限性。

全卦呈現三陽三陰的互動狀態，
剛柔並濟，才能收到預期的效果。

九三或九四，都在人道的爻位上面，
表示禮法或文化，都應該以人為本。

噬嗑卦和賁卦，都從初九腳趾著手，
一方面要慎始，一方面更是重視實際行為。

先施以刑罰，以求嚇阻違法犯紀，
廣施文明教化，務使大眾和而不同。

一。上下都剛實有一定範圍

頤卦的形象可以譬喻為人的嘴巴，有上下兩個嘴唇，食物在口中，才有機會大快朵頤，倘若不小心掉出口外，或者被外力取走，那就脫離範圍，即使有心處理終將無計可施。如果把頤卦（䷚）當做一個模型，先把上九和初九這兩個陽爻固定下來，看成一個固定的範圍，也就是上下嘴唇之間，那麼，當六二、六三、六四、六五這四個陰爻，任何一爻變成陽爻時，頤卦也就跟著變成另外一個卦——六二變九二，成為損卦（䷨），兌下艮下，象徵損下（澤）以益上（山）；六三變成九三，便是賁卦（䷕），離下艮上，象徵在素質（艮）上面添加色彩（離），表示有人性才有文明；六四變九四，成為噬嗑卦（䷔），震下離上，象徵口中有硬物橫阻，必須把它咬斷，張開的口才得以合攏；若是六五變九五，那就成為益卦（䷩），震下巽上，象徵損上（風）以益下（雷），有風起雷鳴，聲勢相長的增益現象。

這四個卦有一個共同點，便是初九和上九不變，表示在這個固定的範圍內，才有損益可言。人生的侷限性，在這裡獲得充分的顯現。同理，即使刑罰和文化也有其侷限性，在某一特定範圍內行得通的，逾越這個範圍，很可能產生不一樣的效應。用刑的對象和尺度各有不同。文化的內涵，也是不同的區域，有不一樣的特色。現代地球村逐漸形成，不能不對這種侷限性特別加以重視，務求異中求同，而同中存異。換句話說，只能大同小異，不能全球一致。多元社會產生多元文化，必須互相尊重，彼此包容。

噬ㄕˋ嗑ㄏㄜˊ	賁ㄅㄧˋ	益	損
䷔	䷕	䷩	䷨
口中有硬物 要設法咬斷	白色的素底 更容易著色	風起雷鳴 損上益下	沼泥堆積 損下益上

上九固定

初九不動

都有固定的範圍，具有侷限性。

二。三陽三陰互動剛柔並濟

噬嗑卦（䷔）和賁卦（䷕）都是三陰三陽，象徵剛柔並濟，互為消長。乾卦（䷀）彖曰：「保合太和，乃利貞。」「太和」是最高層次的和，地球村各國和平相處，共謀發展，當然是「利貞」。和平發展是二十一世紀共同的期望，落實的具體方法，主要即在噬嗑卦的刑罰，以及賁卦的文明教化。無論是法律的刑罰，或者文明的教化，都不能夠過剛或過柔。就刑罰來說，過剛則近乎殘暴，過柔又容易姑息養奸。最好是剛柔適中，所以用六五而不用九五，便是以陰柔居剛位，可收內方外圓之效。依文明教化而言，既不能硬性規定，也不宜全球一致，必須在和而不同的原則下，互相包容而又彼此尊重，共同體會「文化只能交流，無法整合，更不應該全球一元化」的道理，促成經濟全球化與世界多元化的並行不悖。任何國家或民族，都沒有權利把自身的價值觀和發展模式，強制其他國家或民族必須無條件接受。

噬嗑卦（䷔）上離下震，震為陽卦，而離屬陰卦；賁卦（䷕）上艮下離，艮為陽卦，而離為陰卦，都是陰陽互動，務求剛柔並濟。兩卦的上九和初九，代表上下嘴唇，其餘四爻，都是陰多陽少，象徵順服的人居於多數，反對、抗拒或破壞的人居於少數。然而對於這些少數，並不是一句「少數服從多數」，便能夠加以化解。噬嗑卦的九四，顯然是被噬的對象，要把這個妨礙社會安定的因素除掉，有賴於六三和六五的以柔克剛。賁卦的九三，同樣也是六二和六四協力的結果，才能永貞吉。多數應當照顧少數，而少數則更需要自重。

噬ㄕˋ嗑ㄏㄜˊ　　　　賁ㄅㄧˋ

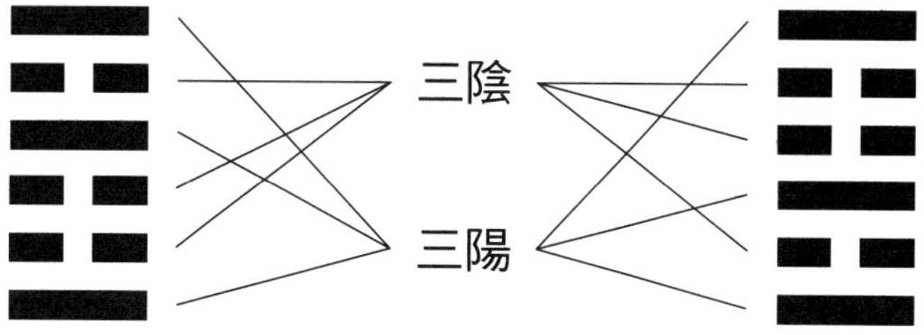

刑罰過剛，
近乎殘暴。
刑罰過柔，
姑息養奸。

強制認同，
引起反抗。
不施教化，
永無寧日。

陰陽均衡，剛柔互動。

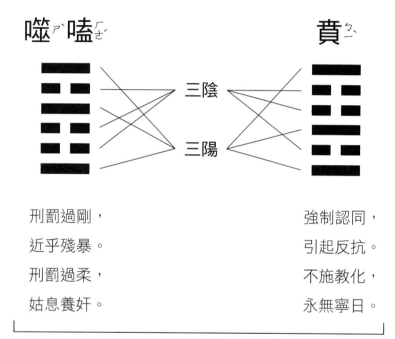

三、人道爻變表示以人為本

噬嗑卦（䷔）和賁卦（䷕），除了上九和初九固定不變，象徵一定的範圍，其餘四爻都呈現三陰一陽，而且陽爻夾在陰爻中間，有坎（☵）水的象。噬嗑卦的九四，和賁卦的九三，剛好都處於人道的爻位。依《易經》通例：「三多凶，四多懼」，符合坎（☵）水的要旨。因為法律和文化都不是自然的產物，人為了群居生活的需要，不得不制定刑罰、裁判、訴訟的相關法律，並且依法執行。噬嗑卦上離象徵光明，譬喻施刑人能明察是非善惡；下震表示威力足以除暴，譬喻受刑人接受制裁和刑罰。同時基於表揚善良、鼓勵上進，發展出各式各樣的社會活動，從中施行教化，發展出因時制宜的文化。賁卦上艮，含有靜止、固定的性質，象徵文化不宜隨便改變，以免失去國家民族的根本；下離有光明、美麗的性質，表示不同的文化，各有其不一樣的光彩和用意。但是共同的目的，都在引導人民，不要玩弄訴訟，以免勞命傷財，更有傷和氣。無論噬嗑動用刑罰，或者賁卦裝飾美麗，實際上都是人為的措施，和人的品德修養可以說密切相關。既然以人為本，就應該重視人性，合乎人情。噬嗑卦離上為中女，美麗、和順而寬厚；震下是長男，威嚴、上進、行為正當。象徵居上位的人，必須明察、寬厚、親和，而在下者則須行為正當、威嚴自持。如此上下相合，可除弊害。賁卦艮上為少男，離下是中女，其智能與性情好惡，各有不同，而且還在持續變化中。所以賢明的領導者，必須以光明正大的觀點來實施教化，才能收到良好的成效。

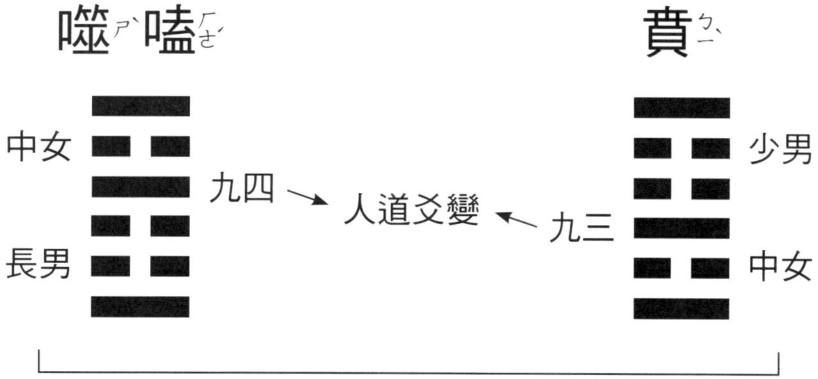

基於人類群居的需要，完全是人為的產物。

制定刑罰、裁判、訴訟等相關法律，並且依法執行。	＋	發展各種不同的文飾，進行不一樣的社會活動，從中實施教化。

都應該以人為本，合情合理。

四・從腳趾著手慎始很重要

噬嗑卦（䷔）初九爻辭：「屨校滅趾。」賁卦（䷕）初九爻辭：「賁其趾。」兩者都是從人的腳趾頭說起，啟示我們慎始十分重要。噬嗑初九指初犯的罪人，〈繫辭下傳〉解說這一爻的爻辭，引用孔子所言：「小人不恥不仁，不畏不義，不見利不勸，不威不懲，小懲而大誡，此小人之福也。」有些人行為不仁，並不覺得可恥，做出不合道義的事情，也不覺得害怕，他們沒有看到實際的好處，便不肯勤勉，倘若不施以威嚴，就不會知所警戒。孔子認為對這樣的人，施加小的懲罰，若能獲得大的威懼，應該是很大的福分。怎樣小懲呢？為了顧及受刑人的顏面，在腳上套以木製的刑具，一方面可以加以掩飾，別人不容易發現，一方面則是透過不良於行，使受刑人明白此路行不通，從今而後，凡事都應該慎始，在行動之前，最好先想清楚，會不會帶來什麼不良後果。只要謀定而後動，慎始而後行，應該可以減少很多過失。賁卦初九，用文飾腳趾頭做譬喻，表示教化要從小時候做起。例如：家裡有錢，上小學就要乘坐汽車，而且還會挑剔，一定要指定名牌汽車，長大以後，會變成什麼樣子？這是父母必須慎重思慮的課題。大人閒來無事，把腳趾頭塗飾得五彩繽紛，對兒童有什麼樣的啟發？倘若被人視為不三不四的人，引起無謂的紛擾又將如何？腳趾一動，腿部就跟著動起來，人的身體很快就有了活動。腳趾象徵我們行為的開始，若是一開始便出差錯，後果往往難以挽回。一不做二不休，結局就更加可怕。所以慎始十分重要，時時都要保持高度的警覺性。

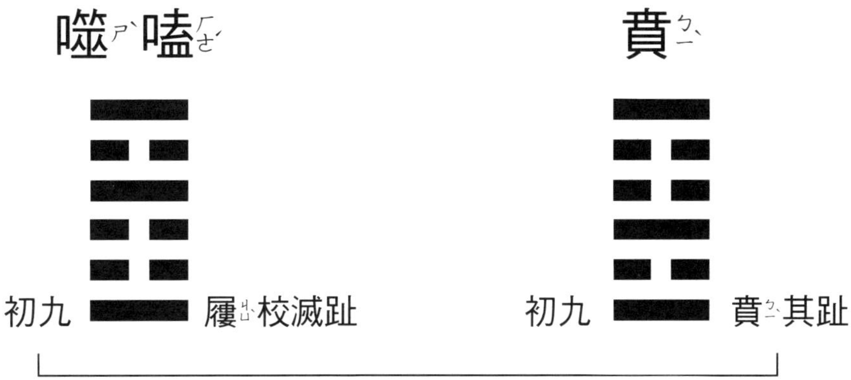

初九是全卦的起點，

腳趾頭也是人體的開端。

一步錯步步錯，

因此慎始十分重要。

謀定而後動，

凡事皆應三思而後行。

五．施以刑罰防止亂變花樣

文化是什麼？其實就是一些花樣。各民族有不同的花樣，也就是文化各有不同的特性。「文」指記載語言的文字，逐漸演化出風俗習慣、宗教信仰、道德法律，從野蠻到文明的過程中，所累積的一切花樣，便成為我們所說的文化。有人類社會，就應該有監獄，用來拘禁那些不接受教化的人。殷商王朝便有一處專門監禁犯人的牢獄，名為羑里。相傳周文王當年，便是被關在羑里，才利用時間加註《易經》的卦爻辭，使它的內容更加具體化。把噬嗑卦和賁卦前後連接，意思是代表文明的語言文字，必須在意義上加以界定。凡是訴訟時玩弄文字，喜歡在語言上狡辯的人，都應該動用刑罰，來加以制裁。預先設置刑罰，防止亂變花樣，實際上是施行教化的有效方式。語言文字紊亂，任意改變成語、扭曲語意，是現代社會動盪不安的主要原因。〈繫辭上傳〉記載孔子所言：「亂之所生也，則言語以為階。君不密則失臣，臣不密則失身，幾事不密則害成。」「密」是謹慎的意思，「不密」指言行不謹慎，言語不謹慎，便是社會動亂的關鍵所在。居上位者言行不謹慎，就會喪失權勢、地位，得不到眾人的信任。一般人言行不謹慎，便會失去職位，甚至於性命。做事不謹慎，目的很難達成。大部分的禍害，都起因於語言文字，追究起來，根本就是自己招惹來的。

明察惡劣小人敗類，並加以合理的制裁。在上者必須明察，寬厚有為；在下者要從事正當活動，這樣上下相合，排除阻礙，才能夠政通人和，社會安寧。

賁ㄅㄧˋ卦代表語言文字，是文化的象徵。 社會發展必須適合時宜，做出合理的調整。 語言文字是溝通工具，也有修飾的作用。 謹慎妥當，成為中華文化的特色。	文化的發揚
噬ㄕˋ嗑ㄏㄜˊ卦代表法律，上離表示公正廉明， 下震象徵以雷霆般的威勢來施行刑罰。 促使大家能夠謹言慎行，不可亂變。	文化的基礎

六。德治即憑良心實施法治

人性本善，是我們對人類的基本信念。但是自古迄今，有好人就有壞人也是不爭的事實。主要原因，在於每一個人對道德的認同，各有不同的標準。美其名為多元化，實際上卻是混雜化，成為「公說公有理，婆說婆有理」的真實寫照。媒體還有一套「平衡報導」的奇怪理論，將對的、錯的各打五十大板，以表示言論公正不偏，此舉更增加了社會的混亂。噬嗑卦（䷔）啟示我們：國家社會的不安，就有如口不能合，是因為有不遵守法律的人在作祟。我們希望口能閉合，就必須咬除口中作梗之物。離上表示「明足以察奸」，震下象徵「威足以除暴」。在位者實施仁政時，仍免不了要配合適當的刑罰。

孔子倡導德治，但實際上也並不反對法治。他最擔心的是法訂得不合理、司法和執法不公正，加上人民逐漸養成「只要合法，什麼事情都可以做」的心態，羞恥心就會快速喪失。知法不知禮，便不可能政通人和。

噬嗑卦（䷔）的上離，即在提醒我們，法治的真義，在於立法、司法、執法都應該憑良心。換句話說，德治離不開法治，憑良心的法治，實際上就是德治。長久以來，大家誤認為德治不需要法治，也就是把德治和法治分開來看，而不合起來思考，才使得德治成為空想，難以實施。

法治的目的，並不是把犯人關進牢裡，而是整個社會必須重視教化。人人憑良心，時時立公心，自己先力行。倘若普遍有這樣的共識，造就這樣的風氣，賁卦的「文明以止」，便可以「化成天下」，人類的和平發展也就能夠順而成之。

法治	+	良心	=	德治
德治離不開法治， 法治是德治的基礎。 不能只重嚴刑峻法， 絲毫不講感情。 一切依法處理， 經常出現不合理的現象。		憑良心立法， 憑良心司法， 憑良心執法。 人人憑良心， 時時立公心， 自己先力行。		偵訊罪嫌，小心求證。 寧可放過一犯， 不可錯殺一人。 殘暴刑求，天理不容。 用恕道偵查， 憑良心辦案。

我們的建議

1 社會上出現不正常的現象，其實是一種求救的信號。當百姓求助無門，十分無奈時，不得不透過這些不正常的行為，來向當政者求救。這時候合理調整現行的制度和法律，才合乎噬嗑卦的要旨。上明才能下震，古今皆然。

2 中華民族向水（黃河）學習，深知「不平則鳴」的道理。《大學》所說的平天下，並不是以力來平，而是求得心平。心平氣和，才能和平發展。人心要平，必須司法、執法、立法都憑良心。不平則爭，爭則必亂，這是必然的現象。

3 現代倡導以科學精神辦案，更應該憑良心偵查，明察秋毫，追究真兇，不錯殺一人，也不枉殺好人。自古以來，殘暴的刑求，往往成為製造冤獄的禍首，必須極力避免。

4 噬嗑卦（䷔）和賁卦（䷕）互為綜卦，啟示我們法治和人治有互通的必要，把法治和人治合在一起看，不分開來思考，才能悟出德治是以法治為基礎的真諦，兩者不可偏廢。

5 即使噬嗑卦英明果斷，也難免引起若干不平，此時可用賁卦撫平創傷、收拾善後。兩者兼顧並重，才能做到有刑罰而不必動用，使人民明白法治是為了整體安寧而設置，不致流於權勢者所濫用的工具。

6 想要影子美觀，最好的辦法莫過於改變形體。因為形體改變，影子必然隨之改變。道德是形體，而制度、法律不過是影子。專注於影子，很容易陷入困境。接下來，我們要深入探究困卦六爻所帶來的啟示。

《第七章》

困卦六爻
有哪些啟示？

困是困難、困苦、困厄、窮困的意思，
困卦六爻，柔困剛，而剛也免不了自困。

想要從困境中解脫，務必謹言慎行，
堅守正道、審慎剛毅，才能亨通。

外界的誘惑太多，也會造成困境，
自己僥倖妄進，更容易陷入進退兩難的凶險。

困卦所說的困，指的是精神方面的困頓，
並不是物質方面的窮困可以比擬。

有心解除精神方面的困惑，
必須審慎緩慢，不能操之過急。

意志堅定，還必須手段正當，
以免愈陷愈深，造成不必要的悔恨。

一・初六不自量力自己受困

困卦（䷮）坎下兌上，象徵水在澤下，也就是澤中無水，以致乾涸而受困。卦辭曰：「困，亨，貞，大人吉，无咎。有言不信。」「困」的意思是窮困、困厄、困難，為什麼「困，亨」呢？因為卦中三陽三陰，被困的是陽爻（大人）而不是陰爻（小人）。君子憂道不憂貧，所擔憂的是道不能行。只要堅持正道，自然亨通。只有偉大的人物才能處困而怡然自得，所以說「大人吉，无咎」。但是，如果只是嘴巴上說說，甚至以言語巧辯來尋求解脫，那就不能見信於人。身處困境時，最好保持沉默，多說話人家也不會相信，說那麼多做什麼？多說無益，用品德來化解困境方屬上策。

初六爻辭：「臀困于株木，入于幽谷，三歲不覿ㄉㄧˊ。」小象曰：「入于幽谷，幽不明也。」初六以柔居剛位，還要勉強自己去圍困陽剛的九二，實在是不自量力，象徵困人者反而迫使自己受困。「臀」指臀部，是身體的最下方。「株木」是樹幹被砍掉後，所遺留下來的樹樁。初六的處境，有如臀部坐在乾枯而又凹凸不平的樹樁上，當然坐不安穩，覺得難以忍受。譬喻人坐困幽谷之中，不見天日。「覿ㄉㄧˊ」即是見，「三歲」指長時間，不一定限於三年。「三年不覿ㄉㄧˊ」，是指長久看不見外面的情況。幽谷並不一定是深谷，往往不明的黑暗更加令人不安。初六居於全卦的始位，不好好學習正道，反而要去圍困九二，免不了坐困愁城，看不見絲毫光明。一個人遭遇困境時最好忍耐，倘若不明白大環境的動向便盲目蠢動，受害的往往就是自己，徒然把自己困住，有如樹根的牢不可拔。

困 ䷮

初六，臀困于株木，入于幽谷，三歲不覿（ㄉㄧˊ）。

初六不用「趾」來比喻，而是用「臀部」來形容，是坐困愁城的象徵。樹樁凹凸不平，既坐不安穩，又牢不可拔。初六柔弱，看不清楚大環境的情況，便盲目去圍困剛健的九二，這種不自量力的蠢動，徒然使自己受困，有如身在幽暗不明的山谷，根本摸不清方向，很可能長久不見天日。

不自量力，想要圍困他人，反而使自己受困。

二、困於酒食堅持不為利誘

困卦（䷮）彖曰：「困，剛揜也。險以說，困而不失其所亨，其唯君子乎？貞，大人吉，以剛中也；有言不信，尚口乃窮也。」卦名稱為「困」，乃是由於陽剛的爻，被陰柔的爻所掩蔽。「揜」是掩的意思，「剛揜」也就是陽剛的君子，為陰柔的小人所圍困。九二為初六、六三所掩蔽，而九四、九五也為六三、上六所掩蔽。再就困卦的坎下兌上來看，坎為陽卦而兌為陰卦，也是陽剛為陰柔所掩。卦象坎險而兌悅，所以說「險以說（悅）」。處於困境卻能夠不失亨通，只有君子才做得到。不被困厄嚇倒的大人，得以獲得吉祥。九二、九五都是以剛健的陽爻，居下卦和上卦的中位，堅持不訴苦，也不多話，因為徒憑口舌，並不能化解窮困，不如堅守正道，真正做到「君子固窮」的修養。

九二爻辭：「困于酒食，朱紱方來，利用享祀，征凶，无咎。」小象曰：「困于酒食，中有慶也。」九二以陽剛處柔暗，雖然不當位，卻由於位居下坎的中位，有居中的品德，成為困卦中的大人，志在弘道，並不在意物質生活的奢侈、華麗、虛榮。「朱」指紅色，「紱」為古代公卿所穿著的服飾。「中有慶」指內心剛直，不為利誘。九二大人，一方面不愁困于酒食，也不在乎紅色的服飾，一方面則是不受酒食和高官的誘惑，不致由於高官厚祿的引誘，而喪失弘道的意志，反而把所獲得的酒食，用來祭祀，祝禱民生亨泰。九二與九五同屬陽剛，並不相應，凡事宜緩不宜急，倘若急於征進，必惹凶禍。如果記取自身困在坎險之中，便可以无咎。

困 ䷮

九二，困于酒食，朱紱ㄈㄨˊ方來，利用享祀，征凶，无咎。

下卦為坎，九二以陽爻居兩陰之中，象徵內心剛直，卻身處坎險之中。就算困於酒食，又有不斷而來的提升職位的誘惑，倘若不能施展抱負，仍然不為所動。九二是困卦中的大人，志在行道濟世，不慕虛榮，不為高官厚祿所誘惑，反而把所獲得的酒食用來祭祀天地，祝禱民生亨泰。凡事緩而不急，因為征急必凶。由於內心剛直，又能不為外力左右，所以无咎。

不為名利而喪失固有的原則，堅持中道而行。

三、才德不足以致進退失據

困卦（䷮）大象曰：「澤无水，困；君子以致命遂志。」

水本來蓄積於澤中，澤有水才能利益眾生，現在水位不斷降低，顯得乾涸無水，當然窮困。君子由這種自然現象，覺悟到「致命遂志」的重要性。「致命」指捨棄生命，「遂志」即成就自己的志願。君子倘若志在行道濟世，不論環境如何惡劣，外界的誘惑和壓力怎樣劇烈，都應該不惜生命，全力以赴。殺身成仁、捨生取義的精神，必須堅持到底。

六三爻辭：「困于石，據于蒺藜，入于其宮，不見其妻，凶。」小象曰：「據于蒺藜，乘剛也；入于其宮，不見其妻，不祥也。」六三以陰柔居陽剛的位置，又是下坎的究位，不當位又不中正，象徵才德不足，陷入進退兩難的困境。

為什麼說「困于石」呢？這是因為六三居下坎的頂端，想要上進，卻有九四、九五兩陽爻阻擋在前，有如大石一般，堅不可通。為什麼又「據于蒺藜」呢？上進有困難，退而下據九二，面對的又是個剛直中正的大人，哪裡是陰柔的六三所能據的？當手攀腳踏在多刺的荊棘中，被刺得鮮血淋漓、進退失據時，想跑回家去，這才發覺妻子也跑掉了！六三與上六同為陰爻，並不相應，所以用「入于其宮，不見其妻」來形容。六三和初六一樣，都是不自量力，以陰柔乘凌陽剛，當然凶險。六三上有九四、九五，下有九二，〈繫辭下傳〉曰：「非所困而困焉，名必辱；非所據而據焉，身必危。既辱且危，死期將至，妻其可得而見邪？」六三名聲受損辱，自身也有危險，可以說死期已近，就算見到妻子，又有何用？

困  六三，困于石，據于蒺(ㄐㄧˊ)藜(ㄌㄧˊ)，入于其宮，不見其妻，凶。

六三上有九四、九五，活像大石擋住了上進的去路。下有九二這位大人，想要以陰據陽，有如手攀腳踏在多刺的荊棘上面，必然被刺得鮮血淋漓。六三不當位，又不中正，象徵不安分的小人，卻企圖僥倖妄進，必定陷入凶險。自不量力，造成進退失據的困境，即使回家找妻子幫忙救援，恐怕也只能療傷止痛，要想免於凶禍，實在不太容易！

僥倖妄進，勢必進退兩難，招來凶禍。

四。化解窮困不宜操之過急

困卦（☵☱）上兌下坎，象徵初次遭遇困厄，較為難受。安度過坎困，逐漸明白不憂不懼的道理，能夠樂天知命，堅持正道而不受外界的影響，那就進入兌困的境界了。

初六入于幽谷，好比進入昏暗的深谷，不見天日，不知道要多久才逃得出來。雖有才能，卻生不逢時，必須忍耐，不能急於求突破。九二有機會，但大環境不合適，所以不敢有所表現，以免得意忘形而偏離中道，失去原來的中正。六三不中不正，只求僥倖妄進，招惹凶險。

九四是上兌的始位，爻辭：「來徐徐，困于金車，吝，有終。」小象曰：「來徐徐，志在下也；雖不當位，有與也。」九四以陽爻居陰位，所以說不當位，但是與初六相應，算是有與。不過，九四雖然有心拯救初六，卻由於九二剛中任重，簡直和金車一樣剛強，阻擋九四與初六的互動。「金車」指的是九二，使得九四受困於金車的阻擋，只得徐徐而來，緩慢地行動。只要有志於向下伸出援手，即使有一些遺憾，仍能夠有助於初六，所以說「吝，有終」。

九四以陽剛而有志向下聲援陰柔的初六，就算九二居中得正，慷慨伸出援手，把金車借給九四。由於陽氣下降，著實有其難度，下臨坎險，金車走起來必有困難，所以吝是必然的，但與初六有相應的關係，最終仍然能夠完成拯救的心願。九四希望初六脫離窮困，同樣不能操之過急。「來」指九四向下，「徐徐」是審慎緩慢，還有量力而為的意思。六三以柔承九四的剛，也是提供相當的助力，才能有終。

困 ䷮ 九四，來徐徐，困于金車，吝，有終。

九四進入兌困，由於和初六相應，又有六三的承助，得以徐緩地向下支援，協助初六早日脫離困境。由於九二居中得正，有如金車似地阻擋在中間，即使慷慨地把金車借給九四使用，也由於下臨坎險而必須審慎緩慢。雖然稍有遺憾，終究能夠達成救援初六的心願。

解救窮困，不能操之過急，最好量力而為。

五．堅定意志才經得起考驗

困卦（䷮）澤在水上，象徵澤無水。有如現代生態環境受到局部的破壞，而造成一連串的困厄。卦象顯示上（上六）、下（初六）、內（初六、六三）、外（上六）都是陰爻，將其餘三個陽爻（九二、九四、九五）圍困住，以致六爻都遭受困難。初六困于株木，九二困于酒食，六三困于石，九四進入上兌，情況才稍有好轉，困于金車，尚有「來徐徐」的能力。

九五爻辭：「劓刖，困于赤紱，乃徐有說，利用祭祀。」小象曰：「劓刖，志未得也。乃徐有說，以中直也。利用祭祀，受福也。」一般來說，二爻和五爻最好是陰陽相應，才能吉利。但是小畜卦（䷈）和困卦（䷮），由於陽爻為陰爻所尅制，反而是九二和九五同為陽爻，更顯得志同道合，可獲吉祥。「劓」指割鼻，「刖」為砍足，都是十分殘酷的刑罰。從卦象上看，並不是九五受刑，也不是九五施刑給別人，而是九五與九二兩陽不能相應，九五是上兌中爻，九二為下坎中爻。〈說卦傳〉曰：「坎為血卦……兌為毀折。」象徵上下都不安寧。九二自己還沒有擺脫困厄，很難支援九五。九五陽剛，為上六、六三兩陰柔所包圍，有如被上六削去鼻，被六三砍掉足部，顯然不能得志如願。幸好九五剛直，又是上兌的中爻，遭受這樣的困境，非但不會懷憂喪志，反而更為愓厲奮發。雖然和九二同樣受到高官榮祿的誘惑，但心中卻十分明白不能因此而偏離中道，所以和九二不約而同地，都透過祭祀來祈求國泰民安，自己內心也充滿了喜悅。意志堅定，經得起嚴格的考驗，必能獲得福佑。

困 ䷮

九五，劓（ㄧˋ）刖（ㄩㄝˋ），困于赤紱（ㄈㄨˊ），乃徐有說，利用祭祀。

九五上有上六的乘陵，好像遭受割鼻酷刑，下有六三的包圍，又如手足受到割削，身居尊位，居然上下都不安寧。心中有數，不能困於表面上的高官厚祿，以免中了小人的奸計，而偏離正道。想起自己以陽居陽位，又是上兌的中爻，應該發揮既中且正的精神，堅持自己的原則。雖然和九二兩剛不能相應，卻可以透過祭祀，互通誠意。即使外界環境十分惡劣，內心仍有徐來的喜悅。

堅定意志，接受嚴苛的考驗，至誠可以感動天地。

六、不擇手段反而愈陷愈深

困卦（䷮）三陽爻，分居二、四、五的位置，象徵不論身居何處，都有遭受困厄的可能。職位高低、財富多寡、處境順逆，只要是君子，都免不了遭受小人的威脅利誘，多方干擾。《易經》認為陽中有陰、陰中有陽，才具有陰陽互相消長的功能，以促進生生不息。君子若無小人的包圍與干擾，如何知曉自己真的是君子？一旦承受不了小人的威脅利誘，君子和小人又有什麼不同？困卦啟示我們：過度衰弱或過度富強，同樣都可能陷入困境。家家有本難唸的經，人人有不一樣的苦悶和煩惱，必須各自及時反省，用心破解，才能夠突破困境。然而人在突破困境後，若是稍有得意忘形，又將會掉入另一種困境。《論語・衛靈公篇》記載孔子所言：「君子謀道不謀食」，以及「君子憂道不憂貧」，應該是對於困卦的最佳註解。

上六爻辭：「困于葛藟，于臲卼，曰動悔有悔，征吉。」小象曰：「困於葛藟，未當也；動悔有悔，吉行也。」「葛藟」是攀附纏繞的蔓生植物，被它纏繞的植物遲早會枯死。上六陰柔，居於全卦的上位，象徵窮困到極點的小人，好比被葛蔓纏繞著難以掙脫。「臲卼」即動搖不安的險狀，上六乘凌在九五之上，當然很不妥當，顯得動搖不安，一方面承受九四、九五兩陽爻的衝擊，動輒得咎，一方面處於困卦的最上位，與六三又不相應，所以坐立不安，動輒有悔。倘若對於自己的處境知所悔悟，抱持「征」的態度，也就是以退為進，就有可能脫困而獲得吉祥。若是手段不正當，勢必愈陷愈深，唯有適時悔改，才能化凶為吉。

困 ䷮

上六，困于葛藟ㄌㄟˇ，于臲ㄋㄧㄝˋ卼ㄨˋ，曰動悔有悔，征吉。

上六位於困卦的上位，象徵窮困到極點，難免動輒得咎。上九陵乘在九五之上，與六三又不相應，所以坐立不安，動輒有悔。倘若能夠及時自省，對這種處境採取以退為進的心態，雖然位於九五、九四之上，位置很不妥當，卻由於能夠幡然悔悟，盡去前非，應而獲得吉祥。

及時自省，痛覺前非而改正，必能有所解脫，可獲吉祥。

我們的建議

1 困卦（䷮）的主旨，在身處困境而心不困惑。困的意思是受到束縛不能自由活動，但是關得住身體，卻關不住想要弘道的心。解脫的辦法在當行則行、當止則止。

2 困厄、困苦、困難，是對人生的重大考驗。有困惑才能知所反省，遇到困難才能奮發向上，因為困厄而更提高警覺。把困境視為自我超越的關卡，便是「君子固窮」的真義。

3 困卦（䷮）卦象以三陰爻包圍三陽爻，象徵小人千方百計，要掩沒君子，但是君子堅守正道，雖然遭遇一時的困厄，只要經得起考驗，不接受小人的威脅利誘，終必能夠解除困厄。小人即使得志於一時，終必自招窮困。

4 水為生命之源，大家如果不知愛惜，終有缺水的艱險。擴大來看，自然資源有限，人們倘若不知愛物、惜物，任意浪費資源，終有耗盡的一天。現代人不重愛物惜福，只知開發新的資源，難道不怕耗盡所有的資源嗎？

5 困卦（䷮）的卦序是在升卦（䷭）的後面、井卦（䷯）的前面。依據〈序卦傳〉的說法是：「升而不已必困，故受之以困。困乎上者必反下，故受之以井。」人們的欲望和需求，倘若不知節制，勢必不斷上升而趨於困厄。在上面的困厄，必然反歸於下面，所以接著是井卦。

6 以水井養人，是當澤無水時，人們所想出來的辦法。然而水井能不能用之不竭呢？我們最好先看看井卦六爻有什麼啟示？再把困卦（䷮）和井卦（䷯）這兩個綜卦合在一起，研究其中的道理。

《第八章》

井卦六爻
說些什麼？

一口井能使四面八方的人得以資源共享，
而人可以聚散，井則是固定不動，有水方為良井。

廢井和不合時宜的人一樣，因為無用，
因此必然會遭到無情的淘汰。

好井存不住水，象徵賢人未受重用，
知人還必須善任，否則等於不知，難有效果。

井的功用在於通，通內外，也通上下，
人才的博學多能，也是通於道理的表現。

井卦三陽三陰，陽為泉水，陰為井，
泉水要能流通，而井需要堅實，才能容受得住。

有井而無水，或是有水卻不能食用，
都顯示出井道不通，必須設法求通才有效益。

一、不合時宜的人應該淘汰

井卦（䷯）泛指地下資源，並非取之無盡，用之不竭。當人們發現澤中水源枯竭時，自然想起地下的水源，於是掘井取水，順便在井邊做一些生意，也是人之常情。井字的篆書，中間多了一點，寫成「丼」字，表示從井中汲取所需要的水，才是井的主要功能。卦體是巽下坎上，中爻互兌互離。卦辭曰：「井，改邑不改井，无喪无得，往來井井。汔至，亦未繘井，羸其瓶，凶。」「邑」是人民聚居的所在，可以依據實際情形而有所變更，但是「井」是人類生命所必需，政治再怎麼改變，井卻不能夠隨著部落的搬遷而移動。「改邑不改井」，表現出井的自然性，有水最重要。「无喪无得」，則是井的功能性，最好能夠汲之不竭，注之不盈，既不會缺水，也不致滿溢出來。「井井」的意思，是從井中汲取乾淨的水，使來來往往的人都可以獲得供應。「汔」為將及，「繘」即汲水用的繩索。「羸其瓶」指把汲水用的瓦瓶撞破了，汲上來的水流光了。因為汲水一定要汲到井外才能取用，倘若將及而未及，就把瓦瓶撞破了，等於白忙一場，無水可用，所以凶。

初六爻辭：「井泥不食，舊井无禽。」小象曰：「井泥不食，下也；舊井无禽，時舍也。」初六象徵井底深處泥沙淤積，那裡的水太深了，沒有被汲取的可能。倘若真的被汲上來，也太混濁了，不乾淨，所以不要食用。這口無法食用的井，應該廢棄了！人不來汲水，井邊就沒有可供鳥類啄飲的水，久而久之，連鳥也不來了。初六指不合時宜的人，有如舊井，應該被淘汰了！

井

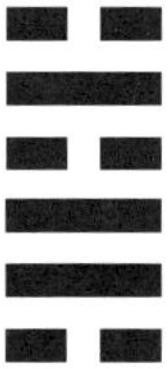

初六，井泥不食，舊井无禽。

初六以陰柔居剛位，並不當位，與六四同屬陰爻，也不相應。位於井卦的最下位，象徵井的底部。當汲水汲出井底的泥沙時，我們就知道這口井的水源已經枯竭了。汲上來的水泥濘不淨，不能飲用。大家不再汲水，井邊也乾了，鳥類想來啄飲也啄不到，所以也沒有牠們的足跡。人和禽都放棄這一口井，因為無法使用，不得不捨棄。有如不合時宜者必然遭到淘汰。

廢井和不合時宜者一樣，都會遭到淘汰。

二．賢士不受重用也等於零

井卦（䷯）彖曰：「巽乎水而上水，井。井養而不窮也。改邑不改井，乃以剛中也。汔至亦未繘井，未有功也。羸其瓶，是以凶也。」井卦巽下坎上，〈說卦傳〉曰：「巽為木，為風。」坎為水，水下面投入一個木桶，把水吊上來，供人食用，這是井的特性，所以入於水而提上水，叫做井。井水能養人，使人不致因無水而窮困。井卦六爻，三陰三陽。儘管三陽爻被三陰爻包圍，仍然不妄動，堅持改邑不改井的原則，以守靜致通，確保水源不枯竭，顯示剛中（九二、九五皆居中為正）的大用。至於吊水尚未提出井外，或者入水不深，吊上來空空的，還可以繼續努力。萬一把吊桶或瓦瓶弄破了，那就前功盡棄，所以說凶也。

九二爻辭：「井谷射鮒，甕敝漏。」小象曰：「井谷射鮒，无與也。」九二以陽剛居下巽中位，屬於剛中。但是九二與九五同為陽爻，不相應，象徵九二的水不能上進，只好與初六相比，使水就下而旁流，有如山谷中的泉水，只能養活小魚，並無大用。「鮒」是魚的名稱。「射」為弓矢或彈丸的射出。「井谷」指井中出水的水眼，既然不能向上湧現，只能由旁邊下注，就好像底下有破洞的瓦甕，水都漏掉了，哪裡能夠盛得住水？九二與九五不相應，象徵賢明人士得不到領導者的賞識，當然難以產生影響力，發揮不了作用。

按理九二是一口好井，卻由於遭受壓制，不能順利向上出水。相當於野有遺賢，只能當隱士。好井也有失去效用的可能，可見各種情況都需要良好的配套。

井 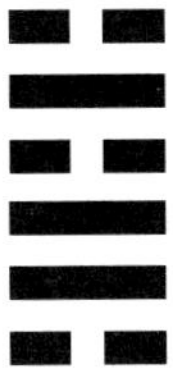

九二，井谷射鮒ㄈㄨˋ，甕敝漏。

九二以陽剛居陰位，並不當位，但是居於下巽的中爻，可謂剛正，所出的水，理應向上湧現，以供汲取，可惜九二與九五都屬陽爻，彼此不相應，象徵賢明人士，不獲上級領導的賞識。受到初六的柔承，捨相應而取相比。於是水眼所出的水，向旁邊涓涓流出，只能夠養活一些小魚。就好像瓦甕的底部破了一個洞，水盛不住，也汲取不出來，一口好井卻不能發揮功能，實在可惜。

賢明的人只能作隱士，意謂好人卻無法出頭。

三．井下井上必須兼顧並重

井卦（䷯）大象曰：「木上有水，井。君子以勞民勸相。」

下巽上坎，巽為木，坎為水，所以說木上有水。植物的根向地下延伸，主要在吸取地中的水。古人按照這種道理，找到水源豐沛的水眼，開一口井，然後用繩索吊住木桶，投入井中，把水向上汲取，以供食用。君子看到這種景象，體會出「井水養人，人也應該自養」的道理，敦促人們辛勤勞動，也勉勵大家互助互惠，和諧相處。人與人相處，倘若井然有序，同舟相濟，必能安居樂業。

九三爻辭：「井渫不食，為我心惻，可用汲，王明，並受其福。」小象曰：「井渫不食，行惻也。求王明，受福也。」

「渫」是去除穢濁，也就是經過關井整治之後，清潔可用的意思。九三以陽剛居陽位，又與上六相應，象徵剛正有水，卻由於上六柔弱而提不出來。好比井水清潔可供食用，偏偏上面吊水、提水的設備不夠周全。「為我心惻」的「我」指什麼人？應該是指過路的行人，看到井水清澈可飲，卻苦於缺乏把水汲上來的設備，失望之餘，只好自言自語，感慨為政者只治井下，不治井上的設施，因而領悟出：「賢明的領導者，一定會同時治理好井下與井上，不但使附近的居民有水可用，即使外來的人經過此地，也有水可飲，大家不分遠近，都能齊受福益」的道理。同樣是好井，九二水出不來，等於沒有用；九三水出得來，卻吊不上來，也是沒有用。好井不出水，出水吊不上來，都是顧此失彼的不良現象。必須井下井上兼顧並重，才能讓好井汲出好水。

井 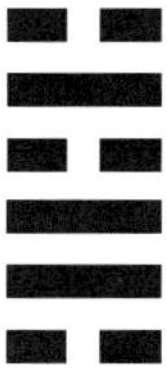 九三，井渫(ㄒㄧㄝˋ)不食，為我心惻，可用汲，王明，並受其福。

九三以陽剛居陽位，又與上六相應。既當位又有助力，卻因為上六柔弱，力不足以汲取九三的水。表示井已修整、治理，水潔可飲，但是井上提水的設備不足，行人經過此地，也只好望井興歎。可用而不能用，顯然是人為的失誤，令人痛心。倘若政治清明，大家能夠安居樂業，必然井下、井上兼顧並重，不論是在地的居民，或是遠來的行人，都能夠飲用自如，大家齊受到福益。

能識得賢人，還要知人善任，才能發揮功能。

四、賢士也要持續求取上進

井卦（䷯）三陰三陽，三陰為井，三陽則為泉水。陽動陰靜，泉水流動最好源源不絕。井穴虛靜，並且十分堅牢，才能容受泉水，供人汲取。初六這一口井，與六四兩陰不相應，象徵泉水已經不通，汲到井底的泥沙，不能飲用，只好加以廢棄。六四這一口井位於九三和九五兩陽之間，象徵井身弱而泉水強，井壁已經遭受衝擊而有所損壞，必須及時修整，才能繼續使用。所以六四爻辭曰：「井甃，无咎。」「甃」是修治井壁，倘能修治得宜，當然无咎。六四以陰爻居陰位，雖然當位卻柔弱無力，以致有泉水而承受不了。小象曰：「井甃无咎，脩井也。」在這種情況下，修治井壁，既能容水，又能供應汲取之用，所以无咎。

及時修治井壁，表示賢能人士也應該時時充實自己，活到老學到老，以免不合時宜，趕不上時代而遭受淘汰。井水需要活泉，人類需要傳宗接代，生活不斷進展，我們的智能也需要與時俱進，保持靈活的適應能力。

井水的主要功能在「通」。泉水由外通入井中，井水自下通到井上，資源共通，彼此共享，都是通的功能。

井卦（䷯）的問題，在於初六的井已見底、九二的活泉外漏，都是人為不當所造成的缺失。九三的「王明」倘若真的實現，相信必能痛下決心，把人為的缺失改正過來。於是六四好好修整井壁，以期九五的泉水能夠供人食用，發揮井的功能，上下都通。六四上有九五、下有九三，具備了離（☲）明的象徵，應該可以做好坎底的工作，對九五發揮其輔佐的功能。

井 ䷯ 六四，井甃ㄓㄡˋ，无咎。

六四是上坎的開始，以陰爻居陰位。與初六同為陰爻，並不相應。最好與九三、九五相比，發揮離（☲）明的功能，以襄助九五。初六井已見底、九二活泉外漏，都是人為的缺失。九三期待王明，不如九四自行修治井壁，使其堅牢可靠，能容活水，並保持清潔，自然无咎。

再好的井，也要及時修治井壁；
再賢明的人，也應該時時求上進。

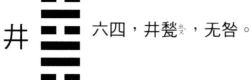

五．賢士有機會為全民造福

黃帝時，掘地為穴，以汲取地中的水。夏禹創井田制度，以一方里為一井，畫成九個方格，每格百畝，合計九百畝，分給八戶家庭耕種，每一家分得百畝，當中那一百畝為公田，做為貢賦之用。後來有些地方變成民居，而汲水的井變在市中，所以稱為「市井」。傳到現代，鄉間的井水可能還有人敢食用，但都市的井卻可能變成毒水，誰也不敢再用。科技發展、經濟發達，難道非如此不可？

九五爻辭：「井洌（ㄌㄧㄝˋ），寒泉食。」小象曰：「寒泉之食，中正也。」九五以陽爻居陽位，又是上坎的中爻，既中又正，所以說中正也。「洌（ㄌㄧㄝˋ）」是水清的樣子，「井洌」表示井水清澈、潔淨，可以安心食用。〈說卦傳〉指出：「坎者，水也，正北方之卦也。」北方氣候寒冷，所以說寒泉之食。九五若是由陽變陰，井卦（䷯）就變成升卦（䷭），把水汲起來，上升到井外，以供食用。九二若是變為六二，井卦（䷯）便成為蹇（ㄐㄧㄢˇ）卦（䷦），象徵腳步難以行走，不能產生養人的作用，好比失意的英雄，得不到大家的尊重。九三若變成六三，井卦就變成坎卦（䷜），兩坎相重，象徵重重的危險，這提醒我們，英明的領導者畢竟不容易遇到，大家最好祈求上天賜給明君，以受其福。幸好九五是冷洌（ㄌㄧㄝˋ）、潔淨的泉水，六四修井壁，上六和六四上下配合，井象也已告完成，所以九五可以放心地供養人們，安心食用。象徵賢明的領導者，秉持剛毅、合理的德性，能夠普遍施惠人民。井水的功能在於養民，有待大家同心發掘利用。

井 ䷯

九五，井冽(ㄌㄧㄝˋ)，寒泉食。

九五以陽爻居陽位，又是上坎的中爻，所以居中得正，稱為剛中。由於六四已經修治好井壁，上面的上六也很配合。九五這一股泉水，冷冽(ㄌㄧㄝˋ)潔淨，是受人歡迎的寒泉，可供眾人安心食用。象徵大家所深切盼望的賢明領導者，可以剛毅、合理地普遍施惠於人民。

賢明領導者，應當為全民造福。

六、有井象有活泉大功告成

井水通源，才是可供食用的活水。井，在黃帝時代，原本是社會組織的基本單位。當時以八家為一井，而四井合為一邑。井字，象徵在井的前後左右，開闢兩條縱的、兩條橫的道路，以井為中心，八家聚集在一起，務求同心協力，共同維護這一口井的生養功能。井字分為九區，含有長長久久的意思，鄰里分工合作，務期社區長長久久。六四陰爻，有井象而無泉象，有井而無泉，等於無井。九五這一股清涼潔淨的活泉，帶給大家良好的水資源。所以上六和六四必須充分配合，構成完整的井象，以襄助九五能夠長久供水養民的德政。

上六爻辭：「井收勿幕，有孚元吉。」小象曰：「元吉在上，大成也。」井水養人的大功，至此告成，著實令人欣喜。賢明領導者在位，又能為人民造福，當然元吉。上六為全卦終位，表示井象已成，可供大家取用。「收」的意思，是各種相關配套均已安置妥當，隨時可以收繩索向上提水。「幕」是在井口加蓋，往來提水的人很多，大家能同心維護井水的潔淨，不向井裡投棄廢物，所以「勿幕」，不必在井口加蓋。現代所看見的井大多加蓋，表示廢棄不用，即使要用，也不合乎安全衛生的條件，而不宜使用了。現代這一口井不但活水通源，而且不會盈滿，也不致枯竭，對人們十分誠信，所以說「有孚」。卦爻至上位，而大功告成，當然「元吉」。通常到了上位，名為大老卻沒有什麼功效，但井卦不一樣，到了上六，才是元吉在上。可見《易經》的原則並非固定不變，而是能適時合理地應變。

井 ䷯

上六，井收勿幕，有孚元吉。

通常由於物極必反，到了上位，大多有大老之名，卻顯然不是尊位。井卦的上六是例外。井象到此已告完成，又有九五冷冽(ㄌㄧㄝˋ)潔淨的活泉，所有取水的配備，也裝置妥當。往來汲水取用的人很多，大家又同心協力維護這一口井，使其能長久提供食用，根本用不著在井口加蓋。泉水對人誠信，使用者也對井誠信相待，分享資源、共謀發展的理想至此完成，當然元吉。

賢者在位，人民擁戴，資源共享，共謀發展。

我們的建議

1 水井的功能，主要在於妥善運用地下資源。現代人對各種地下資源的利用，自然不限於水。我們最好能把井卦的道理加以擴充應用，務期各種地下資源不致遭到浪費。

2 真正取之不盡，用之不竭的資源，恐怕只有人類的智能。我們用水、用火、用各種資源時，是不是也應該適當地學習井道，來開發、運用自己的智能呢？有智能卻不能發揮，和有井卻沒有活泉一樣，是不是有也等於沒有呢？

3 每一個時代，都有賢明的高士。可惜的是，真正能夠仿傚三國時期劉備三顧茅蘆，把孔明請下山來的在位者著實不多。井道不通，不但飲水困難，要想社會和諧，經濟發展，人民幸福，恐怕有待於九五的寒泉，和上六的有孚了。

4 上六的「井收勿幕」，擴大來說，便是現代所倡導的地球村。互通有無，資源共享，有賴於各盡所能，而且各取所需。像井水那樣，無私地提供活水，供大眾享用。

5 井中有好水，而且上下、左右都通，倘若沒有人拿出來供飲食之用，仍然發揮不了功能，再好、再多的水也沒有用。用井之道，是人人應該學習並實踐的：多貢獻，多服務，產生良性互動，總比孤芳自賞，與人隔絕要好。

6 困卦（䷮）和井卦（䷯）互為綜卦，表示窮困之時，必須善與人通，才能化解困厄。水在澤下，旱象已經出現。井中有水，最好及時妥善應用。這兩卦關係密切，必須合起來看，不能分開來想。

《第九章》

如何看待井困二卦？

困卦在前、井卦在後，
象徵良好的用井之道是能夠防困於未然。

困是不通，而井的可貴之處在於上下左右都通，
窮則變、變則通。只有通才能長久維持。

有井未必能夠飲用，廢棄的井也很多，
困極思變，必須盡去前非，才能安然脫困。

困和井，都是人生所不能避免的境遇，
最好能以平常心看待，用正面的心態來面對。

凡事憑良心、立公心，自己先力行，
還需要堅持到最後的關鍵五分鐘。

不困時要善用井道預防不通，
井時必須用心提防困的重現。

一．化解困厄唯有開源節流

〈序卦傳〉曰：「升而不已必困，故受之以困。困乎上者必反下，故受之以井。」大家對上升都很有興趣，上升而不能自制，發展到極致，必然走向困厄。升卦（䷭）的後面是困卦（䷮），提示我們：因富貴而忘記困窮，必然再度陷入困境。困卦上澤下水，原本蓄積在澤中的水乾涸了，這種旱象，稱為「困乎上」。於是大家的注意力，集中在地下水源的汲取，便是「反下」。平日不用的井，也用心加以修整。

困境尚未出現的時候，人們沉醉於歌舞昇平，而醉生夢死。什麼居安思危、物極必反的話，根本聽不進去。一旦遭遇困厄，這才怨天尤人。首先是不肯承認，怎麼會這樣？接著抱怨連連，這種倒霉的事情，為什麼發生在自己身上？然後窮苦難耐，就不擇手段，胡作非為了。

實際上，困境的最大功能，在考驗我們自己的品德。《論語・衛靈公篇》說：「君子固窮，小人窮斯濫矣！」孔子在陳國斷糧，弟子們飢餓難耐，子路很生氣，抱怨君子怎麼會有這樣的遭遇？孔子回答：君子固然會有窮困的時候，卻不能像小人那樣窮到沒有志氣，什麼壞事都做得出來。遭遇困境時最好的解決辦法，就是把井卦（䷯）畫出來，懸掛在牆壁上，讓大家仔細觀象明理，將井道的精神及時發揚光大。

開源節流，永遠是解困的不二法門。平日養成「當用不省，當省不用」的良好習慣，有如妥善維護井水那樣，自然居安思危，不致奢侈、虛榮、浪費。時時提高憂患意識，把井道和困境與升卦串連起來，必能防患於未然。

升 ䷭ 46 ⟶ 困 ䷮ 47 ⟶ 井 ䷯ 48

大家都期望： 平步青雲， 攀登高峰， 歌舞昇平， 步步高升。	一旦遭遇困厄： 首先不肯面對， 然後怨天尤人， 接著胡作非為， 最好是發揚井道。	以井道脫困： 開源節流， 當用不省， 當省不用， 時時居安思危。

二．及時變通才能維持長久

易學特別重視「時」。孟子評贊孔子為「聖之時者」，便是出於孔子對「時」的重視。與時俱進的可貴，即在「無可無不可」（《論語・微子篇》），也就是〈繫辭下傳〉所說的：「不可為典要，唯變所適。」《易經》告訴我們不斷推移的現象，象徵變化永不止息。一卦六爻，或向上或向下，陽爻和陰爻也可以互變，並沒有一定的法則，所以不能夠拘執於某一種定規，而是要能夠按照合適的方式，持續地變化與變通。

〈繫辭上傳〉曰：「天尊地卑，乾坤定矣。卑高以陳，貴賤位矣。動靜有常，剛柔斷矣。」我們不必為了尊卑、貴賤這些字眼而驚恐慌張、自亂陣腳。天地固然可以設位，但是此時此地的定位顯然十分重要。有人、有物、有事，必然有天地定位，也就是在此時中正位，然後才能做出合理的變化。困卦（䷮）的「時」，六爻皆困，象徵生不逢時，最好不要妄動，盡量守靜待時，以自求多福。一旦時來運轉，由困卦進入井卦（䷯）時，千萬不可大意，要自我警惕。堅守正道的原則，不應該改變，才能夠安然脫離窮困而致通。窮有窮而不濫的堅持，通也有通而守中的原則，以免得意忘形，再度陷入困境。

及時變通，也就是要能適應時的變動，而做出合理的調整。想要長久維持，就應該時時刻刻不離中道。困卦（䷮）與井卦（䷯）一反一正，彼此相綜，卦義有內在的連貫性，都在說明窮而後通的道理。有了高度的警惕，才能長久謹慎小心，有原則也保持貞正的操守，務求慎始而善終。

困 ䷮ 47 → 井 ䷯ 48

一反一正，互為綜卦。
有內在的連貫性，都在說明窮而後通的道理。
窮要窮而不濫，通要通而守中。

↓

無可無不可

困卦六爻都困， 象徵生不逢時， 最好不要輕舉妄動。	井卦井養不窮， 主要在上卦的勤施善積， 僅靠下卦並不管用。

↓

適時應變

三•兩卦的剛中有密切關聯

困卦（䷮）二、五兩爻都以陽爻居中位，稱為「剛中」。井卦（䷯）也是如此，九二、九五剛中而不相應。

一個人要能夠面對窮困，不畏險難，而不失其所。身窮志不窮，物質生活困苦，仍然可以不改其樂。任何人只要活著，都離不開水資源。自來水和井水，同樣需要供應不斷，才能夠養而不窮。但是利用水資源時，必須確保不破壞也不污染，發揮善待水源的美德。

二、五兩爻，分居下卦和上卦的中位，所以取名為中。陽爻稱為剛中，陰爻便是柔中。深一層想，還要和「時」取得配合，才能從「位中」（居於中爻的位置）進入「時中」（配合「應」、「承」、「乘」等關係，以求當時的合理點）。困卦（䷮）九二與九五，並不相應，卻由於困卦陽爻為陰爻所尅制，九二與九五同為陽爻，反而志同道合。九二爻辭指出，過分豐盛的酒菜，只適合用於祭祀，不能平時也如此享用。九五爻辭則指出，抱持祭祀般的誠心誠意，才能獲得神明的降福。彼此同屬剛中，可以透過祭祀互相勉勵。井卦（䷯）的井，含有圍的意思。把水源圍起來，防止外界的污染，也不致因外泄而造成浪費。汲水相當於突圍，九五不算完成汲水的動作，上六才是真正的尊位，完成了汲水的功能。九二提示野有遺賢，九五說明應當促使賢人為全民造福，唯有上六真正為人民服務，才算是大成。九二和九五，合力促成上六的有孚元吉，彼此雖不能相應，反而促成合力與上六相應，效果也十分良好。

困䷮
- 九五（利用祭祀）
- 九二（利用祭祀）

→ 九二，九五俱為剛中，
彼此不相應，
但同處困境，
反而志同道合。

井䷯
- 九五（倡導野無遺賢）
- 九二（賢人在野）

→ 共同協助上六完成井道。

四．困井都是人生所不能免

「困」有困難、貧困、困惑、困擾、困倦的意涵。由於陰陽所呈現的父子、夫婦、君臣、得失、榮辱、剛柔、時空、寒暑、冷熱、常變、貧賤、虛實、曲直、是非、屈伸等等，莫不具有相對關係，所以人生有順境必有困境。

「井」是整齊、有條理，稱為井然有序，和雜亂無章成對比。井的重點其實並不在於水，而在於汲。汲不上來，水又有何用？汲水時不重視秩序，必然影響汲水的功能。人生不能不用水，社會不能沒有秩序，也是眾所週知的事實。井養不窮，我們的生活才不致因缺水而窮困。

困境究竟是好是壞？完全由自己的心境所決定。把困境當做障礙和阻擋，困境必然是壞的；倘若把它看成對自己的考驗，讓自己有機會瞭解自己的節操，能不能經得起困難的挑戰，那又變成好事了。順境時是君子，困境時成為小人。用不著他人來評斷，自己當然最先明白。

井的功能在於汲，人的功能在於奉獻。自然現象，到處都是奉獻的表現。例如，草長大了，供牛、羊食用；牛、羊長大了，供人食用；蟲奉獻自己，供鳥食用；鳥長大了，同樣奉獻自己，供老鷹食用。反而自稱為有智識、有能力、有修養的人類，大多不肯犧牲奉獻，只想占便宜、得利益。有井卻不能供人汲水食用，有如有才能卻捨不得奉獻人群社會，是不是同樣沒有價值呢？井字一共有九個區域，象徵八戶人家各自分工合作，共同為公共區域而奉獻，才能夠長長久久的意思。井的德行與困的考驗，最好都給予正面的意義，才能顯現出其價值所在。

47 困 ䷮

把困境視為對自己的考驗，
當困境來臨時，能不能接受困境的挑戰？
會不會從君子變成小人？

48 井 ䷯

井的功能在於供人汲水食用，
啟示我們：人的才能必須奉獻給人類社會，
否則有等於無，又有何用？

五．井道提示末路至為艱難

古人說：「行百里者半九十。」提醒我們，一百里路應該以九十里為半數，而不是數學所計算出來的五十里，因為最後那十里路走起來最為艱難。倘若體弱腳乏，豈不是功虧一簣？做事做到快要完成時，所費的心力，往往比開始時艱難得多。井卦（䷯）自初六「井泥不食」開始，要把廢井（舊井）修復，經過九二「甕敝漏」，將破漏的孔調整好，九三「王明」，表示舊井除去污穢，可供汲取，六四「修井」，進一步用磚塊砌井壁，九五「井洌（ㄌㄧㄝˋ）寒泉」，澄清的井水可供食用，到這一個階段，無非是行百里者已經達到半九十的地步。若是上六不能「井收勿幕」，相當於有井而不汲水，「有」也等於「無」。

自然有無窮的蘊藏，人類有無窮的智能。要將自然的蘊藏開發利用，有賴於人類智能的發揮。以井道治理水源，應該是人類善用智能以利用自然蘊藏的最佳途徑。水是我們的生命之源，而智能則是我們的性命所需。水能載舟，也能覆舟。困卦（䷮）和井卦（䷯），都內含坎卦（☵）。困卦坎在下，為來；井卦坎在上，為往。兩卦相綜，往來的都是水，象徵「往來井井」，不論窮困或亨通，都需要汲水以維持生命。一個人善用智能與否，都能存活，所不同的，只是性命的價值並不相同。憑良心，立公心，善用智能，性命自然高貴。不憑良心，只考慮私利，便是誤用智能，卑鄙低劣！

憑良心，立公心，還需要耐心和毅力，堅持到最後那關鍵的五分鐘，順利完成井道，成功的機率必然很大。

行百里者半九十

前九十里

井卦初六「井泥不食」，
九二「甕敝漏」，
九三「王明」，
六四「井甃ㄓㄡˋ」，
九五「井冽ㄌㄧㄝˋ寒泉」。

最後十里

上六「井收勿幕」。

凡事憑良心，立公心，還要堅持到最後五分鐘。

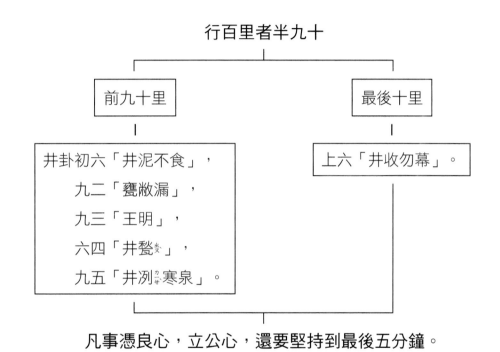

六。井時須防困通要防不通

井的好處，表現在井然有序，秩序整齊而有條不紊，不致混亂。但是井的弊端，則是井底之蛙，容易坐井觀天，不知天高地厚。《莊子．秋水篇》特別指出，井底之蛙不可以和牠談論大海的事情，是因為牠受了地域的拘限；夏天的蟲不能夠和牠談論冰雪的事情，是因為牠受了時間的固蔽；鄉下的書生不應該和他談論大道理，則是因為他受了禮教的束縛。井底之蛙可能自己覺得十分快樂，看著井裡的赤蟲、螃蟹和蝌蚪，自認為比牠們都偉大，可以獨占一坑水，盤據一口井，還仰望井邊的鰲，問牠為什麼不隨時進來看看呢？長久以來，大家望文生義，不求甚解，卻又自以為是，早已掉入井底之蛙的學習陷阱，猶不知自己的困境，當然難以防困，更不容易脫困了。

井原本是通的，通於活水的井，才能夠供水不斷。活水具有生命力，有溫度的變化，也有氣味的變換。井若是無水，甚至於變成有毒的水，其實責任在於人類，十分可悲。現代科技發達，透過井道鑿井汲取石油，原本是開發地下資源，卻造成空氣污染，又破壞了井道。井時不能防困，是科學家的嚴重疏失。石油提升交通的功能，各種道路井然有序，條理清晰，大家覺得太方便了，一齊開汽車上路，把再大的公路網都塞爆了。到處交通壅塞，大家抱怨連連，卻又樂此不疲，一有時間便要攜老帶小，把偌大的公路塞成停車場。通時不能防不通，很快就會擠到水泄不通。讀書人多體會井道、規畫管理交通的人慎防不通，都是脫困的良好藥方。

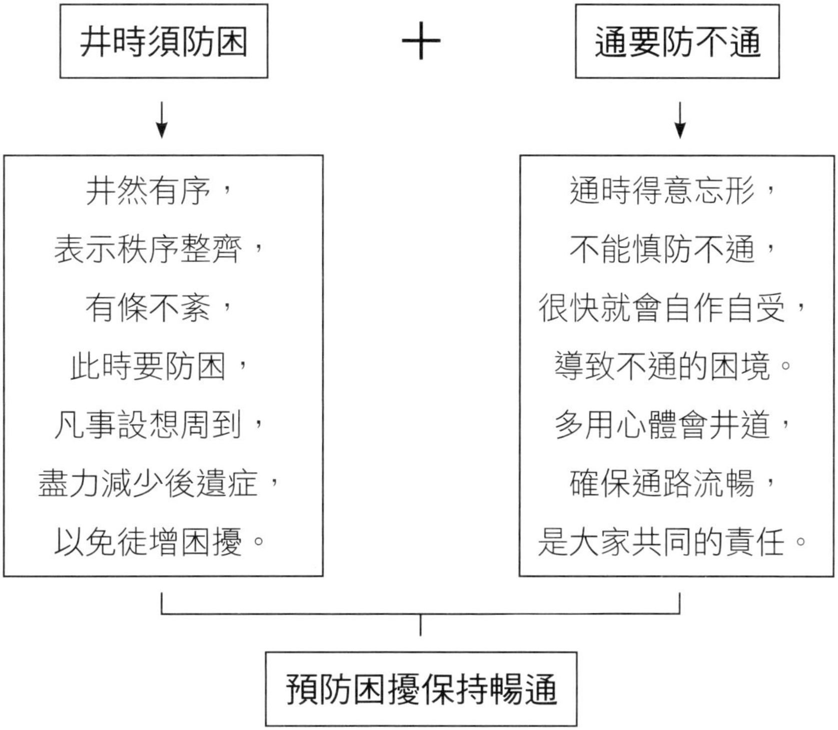
井時須防困
＋
通要防不通
井然有序，表示秩序整齊，有條不紊，此時要防困，凡事設想周到，盡力減少後遺症，以免徒增困擾。
通時得意忘形，不能慎防不通，很快就會自作自受，導致不通的困境。多用心體會井道，確保通路流暢，是大家共同的責任。
預防困擾保持暢通

我們的建議

1 任何創造，都必須謹守井道，透過實驗，符合自然法則，對人群社會無害，才能實際加以應用，這是井卦（䷯）剛中的道理，也是養而不窮的關鍵，必須加以重視。

2 地下資源的開採，採取合乎井道的技術才是正道。無論水井、油井、鹽井以及各種礦井，都應該合理規劃，正當開採，並且加以有效利用，以求井然有序而確保安全。

3 困苦、困難、困惑，為人生所難免，最好把它當做對自己品德的一種考驗，而不致怨天尤人。保持身困心不困，抱持樂觀奮鬥的心情，因應各種嚴苛的挑戰。明白困是自困，並非他困，自然能不慌不忙，從容面對。

4 困卦（䷮）三陽三陰，原本陰陽可以調和，卻由於爻位不當，初六、九二、六三、九四都不當位，顯得陰柔掩沒陽剛，象徵浮華不實，消耗大於實際所需，以致入不敷出，成為致困的主要原因。平日養成「當用不省，當省不用」的良好習慣，可以收防困效果。

5 井時防困很難；困時不怨天尤人也不容易；通時慎防不通則是難上加難。井道和困道必須用心體會，先在心態上做好良好的調適，才能夠安然面對、合理處置。

6 井道和困道，實際上關鍵都在於人。唯有重視人文，修德進業，並且維護生態環境，防止人為破壞，大家憑良心，立公心，才能防困、脫困，保持地球村的井然有序。

《第十章》

何謂享受
有限的自由？

自由並非不受限制、隨興而為，
而是有限度的自由才屬合理。

隨著自己的意思去做十分危險，
要從心所欲，就必須以不逾矩為前提。

如此說來，自由和不自由並沒有太大不同，
合理的自由與合理的不自由，也沒有太大差異。

自然只有分工，並不講求平等，
即使男女平權，性質仍然會有所不同。

自由和平等兩者間似乎互有矛盾，
只有合理自由與合理平等才能共存。

我們相信現世因果報應並非迷信，
自作自受，實際上就是自然的人生規律。

一、世間多少罪惡出於自由

十八世紀末葉，法國大革命提出「自由、平等、博愛」三大口號。我們稍微冷靜想一想，便知道自由和平等之間，具有相當大的矛盾。絕對自由必定妨害平等，而絕對平等又會限制了自由。法國大革命爭得了自由，當羅蘭夫人走上斷頭台時，卻悲痛地呼喊：「自由，自由！世間多少罪惡，假汝之名而行之。」只要不把平等的地位放在立足點上，那就是齊頭式的假平等，為害極大。後來美國也爭得自由，有錢有勢的人享受特權的自由，形成貧富高度懸殊，有人富可敵國，日擲萬金，有人卻飢寒交迫，生無立錐、死無葬身，甚至公然在街頭出賣自己，哪裡談得上平等？

資本主義倡導自由發展、自由競爭，偏向於犧牲了平等的絕對自由。所謂自由市場，更是逼迫弱勢國家放棄某些權利的藉口，徒然導致國際間更多的不平等。

現代的情況已經證明：㈠言論自由使社會喪失公義。無知者大聲力爭，根本不明白自己所知有限。㈡宗教自由則邪教必然林立。因為正教必須不修行，鬥不過邪教乃是必然的現象。㈢思想自由社會就沒有公理。自然界有「真理」，而人類社會則應重視「公理」。

西方人爭取思想自由，根本原因在於科學進步，否定了「宇宙間一切現象，俱為神所創造」的「創世紀」說法，引發宗教迫害科學的事實，這才進行劇烈的抗爭，要求信仰自由與思想自由。人類社會必須建立「公理」的共識，形成共同的生活法則，才能和諧安寧。現代人習於各行其是，無怪乎紛爭不斷。

- 一陰一陽之謂道
  - 思想
    - 不自由：大家想法必須一致，社會難以正常發展。
    - 自由：大家各想各的，社會就沒有公理，紛爭不斷。
  - 宗教
    - 不自由：一定要信奉同樣的宗教，內心十分不情願。
    - 自由：邪教林立，而且正教鬥不過邪教，為害極大。
  - 言論
    - 不自由：意見難以表達，當然非常痛苦。
    - 自由：社會喪失公義，因為不明白事理的人聲音更大。

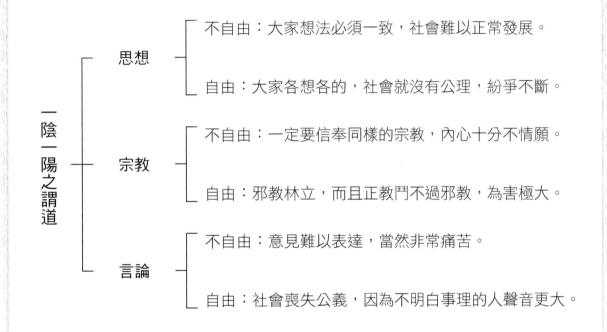

二、西方爭自由的真正原因

中世紀的歐洲，宗教勢力十分強大，教會控制民間所有的活動，《聖經》更是人民生活的共同信條。十五、十六世紀，專制集權不但是歐洲各國的普遍現象，也是教會的一貫主張，認為不接受統治者的權力即為瘋人。統治者的權力既然來自神的授予，不論基於環境的需要，或者由於個人的野心，往往採取高度集權的手段，因而損害人民的基本權益。這種霸道的政治，引發人民爭取自由的迫切感，符合《易經》「物極必反」的道理。身處高度不自由的社會，當然有爭取自由的需求，法國大革命、美國的獨立戰爭，皆是由此應運而生。君權過分專制，人民反彈必然格外強大。

各種反暴君思想，例如「人類天性愛好自由，不願做別人奴隸，生來就想自主，不願受制於他人」、「對於一切暴力及不義行為，人民有防衛自己的生命財產以及自由的權利，這種自我保全的欲望，不但人類具有，一切動物也都具有，倘若有人認為自我防衛不當，那就違反了自然法則」、「不但人民要遵守法律，君王也應該受到約束，君王如不接受法律的約束，便是暴君。既不遵守法律，又不合於正義的君王，人民自可予以處罰。人民攻伐暴君不算犯罪」等等，終於爆發了爭取自由的革命行動。

不自由到極點，自然產生爭自由的意願，並且採取劇烈的反抗行動。爭自由的呼聲從西方喊出，其真正原因即在於君王過分專制，藉著宗教的力量全面壓制人民的自由。物極必反，這才產生革命行動，反抗非常劇烈。

中世紀的歐洲，宗教勢力十分強大。

↓

教會控制民間一切活動，毫無自由可言。

↓

教會支持各國君主專制集權，引起高度反彈。

↓

各種反暴君思想層出不窮。

↓

不自由到極點，勢必物極必反，符合《易經》觀點。

↓

爭自由的呼聲從西方喊出，純屬勢所必然。

三．中華民族自古重視王道

中華民族幸有伏羲氏的「一畫開天」，告訴我們宇宙萬象，乃共同遵循自然規律，並無至高無上的神做為主宰。孔子更進一步指出，君主的好惡應以國家利害為前提，倘若不利於國，不妨惡之欲其死。他相信社會的進化應該是漸進的，而非突變的。又提出華夷有別的主張：不以血統為標準，而是以文化做判別，華人使用夷禮，即為夷人；夷人倘能遵行華禮，便是華人。孔子倡導民本，孟子提出民為貴，都是以人為本的延伸。

先秦諸子學說多主張人主無為，君王面南而坐，垂拱無為，有助於政局的安定。秦漢以後，天子的權力不斷增大，卻也以王道自居，如有專制，即被指為暴君。三公坐而論道，大家好商量。宋代以後，天子集權日甚。元亡明興，外患內亂不停，從此常有宗教團體作亂事件發生，因為不滿腐化政府的反抗人士多利用宗教，一方面具有神祕性可以引誘愚民，一方面又能藉助宗教的組織力量。

或許是《易經》「圓道周流」、「循環往復」的影響，以及「積善之家必有餘慶，積不善之家必有餘殃」的觀念深入人心，自古以來，我們便有「天高皇帝遠」的一套因應方式，有道則仕、無道則隱，帝力於我何由哉！可以說完全取決於自己的心態。在這種情況下，並沒有失去自由的悲痛，反而是對王道不行的擔憂，又怎麼會引起爭自由的浪潮呢？

中華民族能屈能伸，身困而心不困，實乃植基於所共同遵循的王道理想，對於爭自由、爭平等、爭權利，當然不會很熱衷。

中華民族自古重視王道。

↓

宇宙萬象，共同遵行自然規律。

↓

陽卦多陰，陰卦多陽，賢人的意見高於一般人。

↓

賢明政治便是王道思想的實踐。

↓

人主無為，有助於政局的安定。

↓

賢人輔佐，三公坐而論道，大家好商量。

↓

天高皇帝遠，帝力於我何由哉！

四、我們只能享有合理自由

人具有創造性，也富於自主性，卻不能不同等重視侷限性。西方所爭取的思想自由和信仰自由，我們並不反對，卻應該加以合理的限制。按照《易經》的思維，合理的自由相當於合理的不自由。凡事都有一個「度」，便是合理的意思。可惜現代教育似乎以「二分法」思維為主，認為不是「自由」，便成為「不自由」，只知道在「自由」和「不自由」之中打轉，竟然把「合理」丟掉了。

一提到「自由」，人們思及的念頭往往是「隨著自己的意思去做、不受限制」，這是多麼危險的念頭，卻讓「不自由毋寧死」的大帽子給壓垮了，好像誰也不敢提出質疑或持反對意見。

為了表面上的自由，我們的犧牲太大了，值得嗎？我們當然不反對自由，也不放棄應有的自由，這是毫無疑問的。然而「躲在暗地裡照罵不誤」和「公開地責罵」，實質上並沒有多大的差異，為了形式上的轉換，值得這麼大的犧牲嗎？宇宙萬象，有公平的地方，一定也會有不公平的現象，才稱為「一陰一陽之謂道」。同樣地，有自由的一方面，也就有不自由的一方面。合理的自由，意謂每一個人的自由都應該受到相當的限制。現代人為了自由，弄得大家都沒有尊嚴，是不是違反了當初爭自由的本意呢？人類之中，以「中人」為最多，「中人」的自由，會不會傷害「中上之人」和「中下之人」呢？「不知道」的人有自由，能不能顧及「知道」的人，使其不受傷害呢？看來還是「將心比心」式的自由，以合理為度，比較適當，至少互不傷害。

合理的自由 ＝ 合理的不自由

合理的自由	合理的不自由
現代人享有較大的自由， 可以打開門來， 公然批評領導者， 看起來很自由， 卻犧牲了很多東西。 領導者被罵得一文不值， 人民的尊嚴也跟著受損。 萬一大家都不想當領導者， 屆時壞人出頭，人民何辜？	自古以來， 我們便可以關起門來， 偷偷地罵皇帝， 看起來不自由， 卻也相當合理。 因為咒罵的人多了， 皇帝一家人都會倒霉， 這是事實，與迷信無關， 所謂得人心者昌，失人心者亡。

五、自然只有分工不求平等

礦物和植物如何平等？一棵柳樹和一棵松樹怎樣平等？同樣是動物，貓和狗、豬和羊、牛和馬，談什麼平等？放眼望去，自然只有分工，彼此各有所長，也各有所短，才能互補。倘若爭取平等，植物也要跟動物一樣走動，一般動物也學人類要蓋房子、辦學校、看電視、唱卡拉ＯＫ，豈不是天下大亂？依此類推，人類也只能分工，難以平等。

男女平等畢竟是空談。男人能做的事，女人都能夠做到，但是女人會懷胎、生子，男人會嗎？種族平等不過是口號，非我族類的感覺，實際上人人都有，只是有些人表現出來，有些人隱而不宣。

人群社會中特權永遠存在，無法消除，只會轉移，不可能消失。有時候人高馬大的人說了算，有時候短小精悍的人反而更有辦法。過去先是宗教享有特權，後來政治超越宗教，現代似乎是科學的特權最為顯赫嚇人！

泰卦（䷊）九三爻辭：「无平不陂（ㄆㄧˊ），无往不復。」「陂（ㄆㄧˊ）」即為不平，所有的「平」實際上都相當「不平」。物極必反、盛極而衰，天理循環就是最有效的制衡。現代人普遍眼光短淺，又喜歡自以為是，時時怕失衡、處處要制衡，其實是空忙一場。因為人要制衡，費盡苦心仍然百密一疏；天（自然）要制衡，輕輕一刮風、一地震、一火山爆發、一洪水氾濫，很快就擺平了。

真正的平等，有賴於合理的自由。若是人人爭自由、個個求平等，所產生的苦果，勢必得由全體人類共同承擔，可謂自作自受。

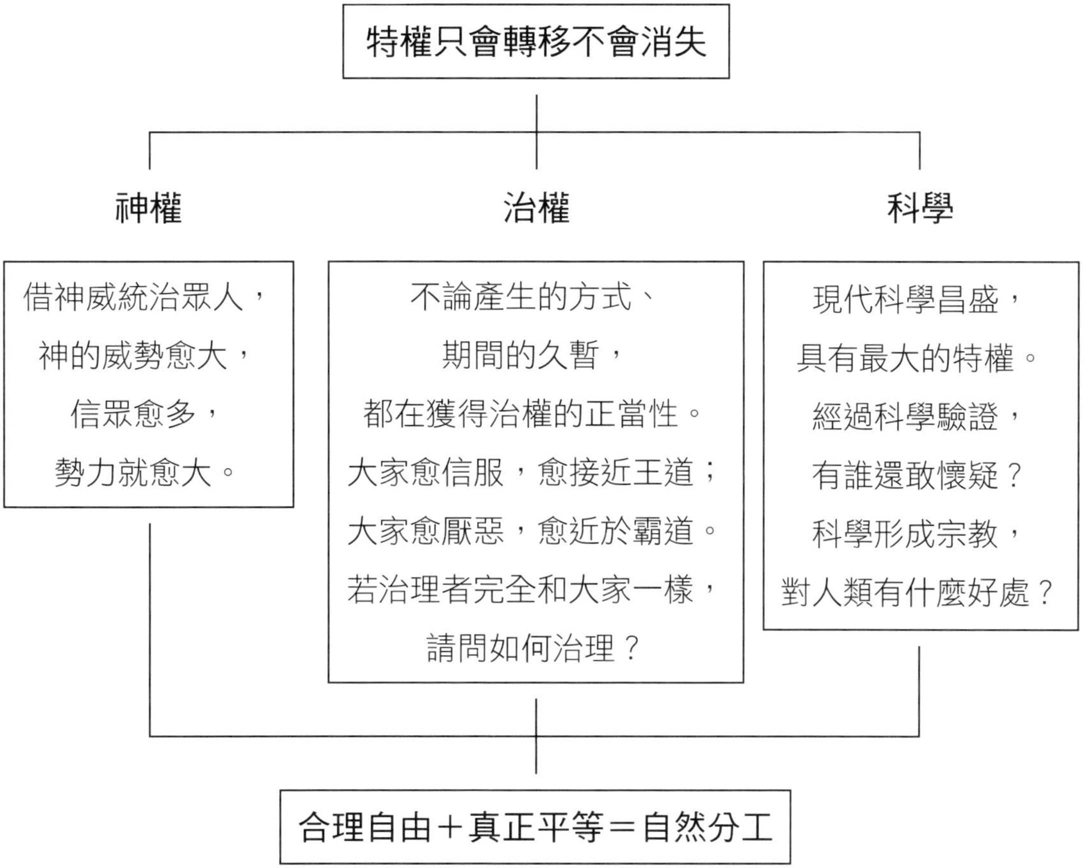
特權只會轉移不會消失
神權
治權
科學
借神威統治眾人，
神的威勢愈大，
信眾愈多，
勢力就愈大。
不論產生的方式、
期間的久暫，
都在獲得治權的正當性。
大家愈信服，愈接近王道；
大家愈厭惡，愈近於霸道。
若治理者完全和大家一樣，
請問如何治理？
現代科學昌盛，
具有最大的特權。
經過科學驗證，
有誰還敢懷疑？
科學形成宗教，
對人類有什麼好處？
合理自由＋真正平等＝自然分工

六、中國人最重視現世報應

《商書‧伊訓》記載：「惟上帝不常，作善降之百祥，作不善降之百殃。」這裡所說的「上帝」，專指天道，也就是天理，是自然法則的意思，沒有什麼神祕性，與宗教無關，倒是與坤卦（☷）文言：「積善之家必有餘慶，積不善之家必有餘殃」十分接近。這種因果報應的說法，和西方並不相同。基督教的最後審判，重在未來；佛教的輪迴，也重在來生；我們的果報，則重在現世。因為未來遙遙無期，來生也難以測知，我們認為果報必在現世，並且不限於平民，皇室更為明顯，這才是真正的平等。

且看三國時代，曹操虐待漢獻帝，他的子孫同樣受到司馬昭的凌辱；張飛醉酒常鞭打士兵，結果在酒醉中遭部將殺害；劉備為報兄弟遇難的私仇，不聽孔明的勸諫，未能先伐曹魏，以致病死白帝城，無顏返回成都。

因果報應實際上是自然規律，並非迷信，後來被宗教加以利用，才使人疑為迷信。好比西方人的領帶，看起來五色繽紛，其實原本是歐洲中古時期，主子在農奴頸項上繫的一條帶子，方便主子用手抓住帶子，牽來牽去，就像牽牛羊一樣。後來貴族式微，下層階級的服飾逐漸為大家所接受，於是這一條頸項上的帶子，演變成領帶而流行開來。

自作自受，便是自然的因果報應。合理的自由與真正的平等，才值得我們追求。其中所應掌握的「度」各有不同，才符合倫理的要求，過與不及，都是害多於利。我們從種種現世報應當中，就很容易明白自律的必要性。

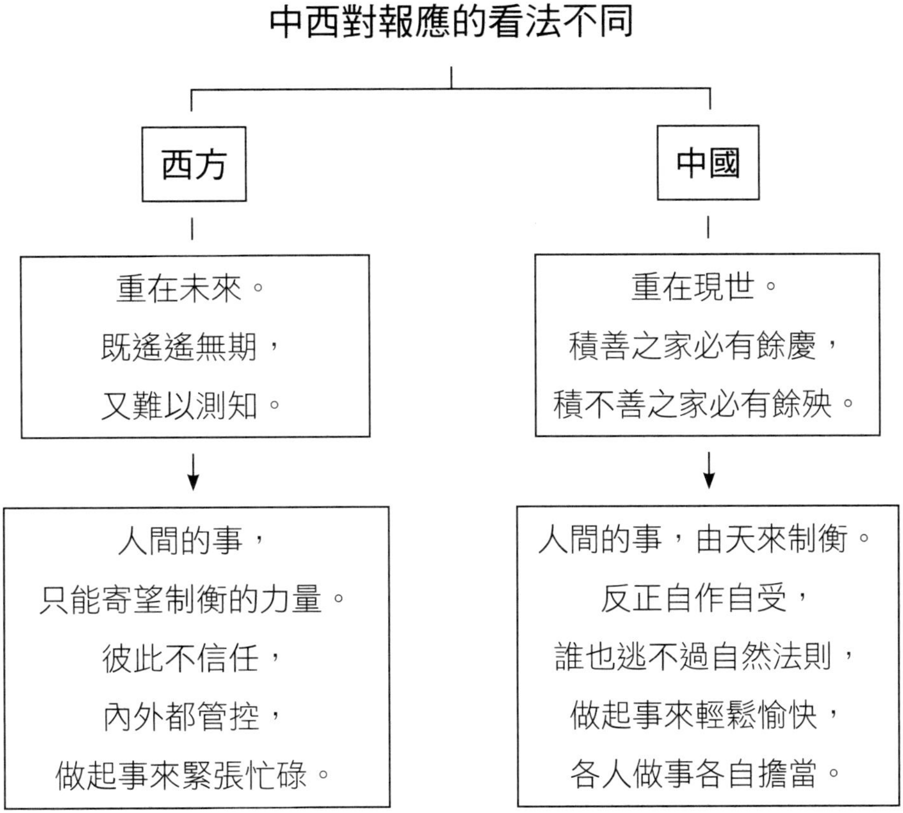
中西對報應的看法不同
西方

重在未來。
既遙遙無期，
又難以測知。

人間的事，
只能寄望制衡的力量。
彼此不信任，
內外都管控，
做起事來緊張忙碌。

中國

重在現世。
積善之家必有餘慶，
積不善之家必有餘殃。

人間的事，由天來制衡。
反正自作自受，
誰也逃不過自然法則，
做起事來輕鬆愉快，
各人做事各自擔當。

1 自由和平等，兩者必須兼顧並重，以「一陰一陽之謂道」的原理，來加以合理安排，應該是維持平衡的最佳途徑。一方面使自由獲得合理保障，一方面使自由不致遭到濫用。真正做到幼有所長、壯有所用、老有所終，鰥寡孤獨廢疾者皆有所養，才是正道。

2 過分自由，勢必造成強凌弱、智欺愚、大吃小、富壓貧的不正常現象。有強權無公理，毫無平等可言。過分講求平等，會造成「反正大家都過同樣生活」的心理，必然趨於怠惰而不求上進。因為人類天生不平等，不可能忍受得到完全相同的待遇。

3 自由必須受到相當的限制才合理，平等要從立足點著手，給予相等的機會，不應該要求齊頭式的假平等。人類所能享受的，不過是相對的自由和相對的平等。

4 自然只有分工，沒有平等。人類勉強喊出男女平等的訴求，根本違反自然規則。我們可以倡導的是男女平權，兩者擁有平等的權利，但也不能忽略男女有別的事實。

5 絕對的自由，就喪失自由的真諦；絕對的平等，就失去平等的價值。我們生活在相對世界，當然只能享有相對的自由與平等。愛護自己，就要合理約束自己的言行。

6 人不但好利，而且好名，此乃人之常情，唯有彼此以仁互勉，凡事將心比心，自由到合理的程度、能接受合理的不公平，才是現代人應養成的修為。

結語

任何一個人都無法離開人群，採取封閉的孤獨生活。倘若一個人的父兄子女，在自己的腦海中占有一席之地，就表示這個人根本無法拒絕自己的「祖先」進入他的腦海中，成為個人意識的一部分。擴大推理，也可證明「祖國」、「故鄉」，同樣可以進入我們的個人意識，產生共通的精神。將心比心是通、抬頭望明月也是通，老吾老以及人之老是通、先天下之憂而憂同樣也叫做通。

我們所重視的「道」，具有「一本萬殊」的功能。由太極（一）而兩儀、四象、八卦、六十四卦，形成萬象（萬殊）。一通萬通，原本就是宇宙的真理，能夠圓融而無礙。所有誤解、扭曲、錯亂、粉飾、虛偽、造作和空泛，實際上都是不通的現象，會使真理蒙塵，而難以得到充分理解。

社會需要共識，也就是共通的認識。倘若以多元化為藉口，破壞大家所建立的共識，社會秩序怎麼維持？共識不通、禁止多元化都是不當的作法，我們應該在多元化之中建立主流意識，然後求同存異，在許可的範圍內持經達變，以求其通。

個人要通於家庭，才是修身的功夫。家庭要通於社會，才是真的齊家。把自己的國家治理到通於天下人的心，這樣的治國有道，當然可以平天下。

做學問也是一樣，不通的人，知識愈多愈糟糕，成為兩腳書櫥，滿肚子學問卻用不出來；通的人，知識愈多愈好，可以合理地應用，果然一通萬通，令人欽敬。通代表智慧，能夠妥當運用知識，當然有智慧。

《易經》的八卦，也就是六十四卦，整體系統完全相通，所以說一爻變全卦就跟著改變。乾卦（䷀）和坤卦（䷁）看起來完全相錯，每一爻都剛好相反，實際上乃是陽中有陰，陰中也有陽，彼此很容易相通。把乾坤兩卦合起來看，更能夠通情達理，有利於合理變通。其餘六十二卦，不過是乾坤兩卦互動所產生的交易，形成種種變化，彼此具有密切的關連性，爻辭之間，也有共通的地方。所以〈繫辭上傳〉曰：「通變之謂事，陰陽不測之謂神。」事情的發展通常有很多變化，而這些變化看起來變化莫測。倘若明白「測不準」的真義，不在於測不準，而在於測之後又產生變化，於是採取「通於變」的觀點，那就八九不離十了。

「通於變」，比我們常說的「變通」要更深一層、更進一步。先摸清楚變化的方向，然後才據以變通，才能夠變而能通，不致於變而不通，反受其害。通於變的人果然很神。陰陽變化導致陰陽不測，背後仍然有一個共通的理。依理判斷，現代稱為「推理」，和一般人所說的神通無關。

經典的「經」是常久的意思。為什麼能夠經久？因為它通古今、通四方，無所不通，才經得起嚴苛的考驗。

具有「通」的認識，我們才可以大膽地說：「《易經》是解開宇宙人生密碼的寶典。」既是一本無字天書（伏羲氏當年並沒有文字，所有的文字都是後來有了文字之後才加上去的），又是一本可供人人隨時查閱的寶典。它的功能有如基督教的《聖經》般，隨時翻閱，都可以獲得有用的指引和啟示。《易經》是全人類的、共通的人生寶典，所以我們下一本書，便定名為「解開宇宙的密碼」，敬請指教！

《附錄》

有所悟才能通

一、觀察是科學研究最基本的方法

人類有眼睛，可以眼觀四方，所以觀察法就成為人類最常運用的方式，也是科學研究最基本的方法。古今中外，觀察法都獲得普遍的應用和重視。〈繫辭下傳〉曰：「古者包犧氏之王天下也，仰則觀象於天，俯則觀法於地，觀鳥獸之文，與地之宜，近取諸身，遠取諸物，於是始作八卦，以通神明之德，以類萬物之情。」「包犧氏」就是伏羲氏，「王天下」即是以王道治理當時的天下。伏羲氏抬頭觀察天上的氣象、俯身觀察大地的形狀，觀察飛禽走獸身上的紋理，以及地上的種種事物，就近採取觀察近身所得的象徵，配合遠處獲得的形象，畫成八卦，用來貫通神奇光明的德性，依類歸納萬物所呈現的情態。我們在天文、農業、醫藥方面的研究，得力於長期、審慎、用心觀察，很早就有顯著的成果。

西方很早就應用觀察法，亞里斯多德觀察鯰魚的故事，便是很好的例子。但是，同樣重視觀察法的年代，西方人在科學方面的發展不如中國，而在重視實驗法之後，中國的科學卻明顯地比西方落後，這是什麼原因呢？

以天文觀察為例，早在公元前六一三年，春秋時代的魯國就已發現世界上最早的彗星紀錄，比西方所記載的哈雷彗星早了六百多年。《漢書》記載公元前四十三年有關太陽黑子的觀察，也比西方早了九百多年。先秦時代，《墨經》中就已出現光學和力學的實驗記載。從秦漢一直到明清，我們也做了大量的實驗。徐光啟、宋應星、方以智等先賢，都極力推崇實驗的重要性。

觀察和實驗，都是科學研究的基本方法。觀察是被動的注目，實驗則是主動的安排。但是，把觀察和實驗合起來看，兩者其實是一樣的。實驗是在主動安排的情境中加以觀察，觀察是在自然呈現的景象中，被動地觀看著自然的變遷，同樣可以視為一種未經刻意安排的實驗。

西方人比較相信「眼見為真」，而且知道人類的眼睛所見十分有限，因此主張「反覆實驗」，一再重複自然更為真實，但是這麼一來，只相信看得見的，不相信看不見的，不免有所偏失，難以獲得整全的知識。

《易經》是整體概念，六十四卦具有互聯的關係。陰陽同時並存，也告訴我們有看得見的部分，必然就有看不見的部分，必須兼顧並重。眼見為真，也可能有看走眼的缺失。在特殊安排的情境下，重複實驗成功，並不能保證在同樣情況中，一定產生同樣的結果。我們比較喜歡從自然的情境中觀察，不但不加以控制，而且不加以干預。既然眼見未必為真，我們便進一步探究所看見的現象背後，所看不見的理。〈繫辭上傳〉曰：「《易》无思也，无為也，寂然不動，感而遂通天下之故。非天下之至神，其孰能與於此？」《周易》的道理並不是冥思苦想得來的，它是自然无為所得。它寂然不動，依據陰陽交感相應的原理，就能夠會通天下的萬事萬物。倘若不是通曉天下極為神祕的自然規律，誰能夠做到這樣呢？文曰：「夫《易》，聖人之所以極深而研幾也。唯深也，故能通天下之志；唯幾也，故能成天下之務。」《周易》這一本書是聖人用來窮究深層事理，探研細微徵兆的一部寶典。只有窮究深層事理，才能會通天下的心志；只有探研細微徵兆，才能成就天下的事務。

二、觀察加上領悟成為我們的特長

中西所使用的研究方法，可以說大體上相同，只有領悟法有較大的差異，我們常把它稱為體會法，西方則認為並不可信，因而很少採用。體會的意思，是直接透過領悟，從經驗中找出原理，或者在躬行實踐中，證明自己所悟出的理論。很多未經實證，便能夠說出一番道理的，即為體會。

全世界研究者都知道「一」的重要性，因為萬事萬物莫不起於一。但是，一元論和多元論，在西方引起爭論長達兩千多年。中國人則非常明快地指出「一而二，二而一」，太極生兩儀，兩儀合起來還是太極。把「一」和「多」合在一起，根本用不著爭論是「一」還是「多」？我們把它稱為「一之多元論」，如此一來，不就化解了「一」與「多」之爭！

西方人相信上帝，認為上帝所創造的世界必然是完美的，既然如此，一切數字都應該是準確的，一就是一，二就是二，怎麼可以「一而二，二而一」呢？中國人用女媧補天來警示世人，天也不是完美的，人類自己更應該明白自己的侷限性。我們的數是變動的，也可以說是有生命的、活的，這樣一來，是不是就不精確了呢？當然不是！我們主張「應該精確時，當然要精確；不必要精確時，費那麼大精神、花那麼多時間，有必要嗎？有意義嗎？又有什麼價值呢？」可惜現代中國人大多忘記這種精神，以致自尋煩惱，只知道「人定勝天」，卻忘了「天定勝人」，根本就是偏道思維，怎麼能夠得其中呢？

有人看到孔子自述：「吾十有五而志於學，三十而立，四十而不惑，五十而知天命，六十而耳順，七十而從心所欲，不踰矩。」（《論語‧為政篇》），立即提出孔子真的是符合這些標準嗎？為什麼剛好都是三十、四十、五十、六十、七十這樣整齊的數字？我們可以用來複製嗎？請問現代人當中，有沒有人剛好做到孔子所描述的理想進展呢？面對這樣的質詢與懷疑，我們真的只能夠無言以對，因為這是西方人對中國人的心態，並不是瞭解中國人的特性所應該提出來的問題。

〈繫辭上傳〉曰：「天一、地二，天三、地四，天五、地六，天七、地八，天九、地十。……子曰：『夫易，何為者也？夫易，開物成務。冒天下之道，如斯而已者也。』」天數一、地數二、天數三、地數四、天數五、地數六、天數七、地數八、天數九、地數十。一般人看到這些數字大多認為太簡單了，太粗淺了，誰都知道，還用這麼囉唆？事實上，恐怕只有聖人才能深切體悟其中用來開啟物智、成就事務，包容天下的道理。觀察加上領悟，自有一番妙用，論起成果，有時還超越觀察加實驗。

有很多事情是可以通過實驗來印證的，卻也有一些事物根本沒有辦法加以實驗。難道這些無法實驗的事物，就真的不能存在？或者不值得一提？可見實驗固然十分重要，卻也不能全盤否定體會、領悟的價值。

三、科學之外還有很多東西

當初把"science"翻譯成「科學」，原本是一大失誤，因為"science"的內涵遠大於「科學」，最合適的中文應該是「學問」。因為「科學」之外，實際上還有很多東西。我們能說藝術是科學？道德是科學？宗教是科學？

當然，宗教為了求生存，不得不努力拉近和科學的距離，但是平心而論，宗教畢竟不是科學。

我們可以利用科技做為藝術工具，但是要把藝術和科學畫上等號，恐怕大家都難以接受。我們可以用電腦作曲，卻不能說我們在聆聽、欣賞科學音樂。

社會科學，同樣也是很奇怪的說法。自然科學講求真理，而在人群社會中，顯然公理比真理更加實用。

反過來思考，把"science"翻譯成科學，也可以說是神來之筆，告訴我們它不過是「分科的學問」。是我們體會錯了，領悟得不夠深入，這才弄巧成拙，然後以訛傳訛，現在想加以改變，已經十分困難。

把社會科學解釋為社會這一分科的學問，當然有相當的道理。社會這一門學問，主要在尋求怎樣才「正當」，也就是正常、正義、合理的意思。凡是建立在不正當的強權基礎上的社會，必然是霸道的社會；而建立在公理基礎上，則為王道的社會。民族間沒有侵略與被侵略的現象，政治上沒有奴役者與被奴役者的差異，經濟上沒有剝削者與被剝削者的區分，那就是公正、正常、正當的社會。

《易經》在自然現象之外，特別提出品德修養，以提升倫理道德來彰顯人在天地之間的地位。西方人講求權利、義務，我們特別重視責任，這不是實驗的印證，而是領悟、體會出來的結果。

人類除了「生命」之外，還有「精神」。「生命」加上「精神」，才稱為「性命」。我們服從自然規律，更應該負起「贊天地之化育」的責任，主要分成「參天地」、「贊化育」兩大部分。「參」是參與、參加的意思；「贊」即贊助、贊成。天地萬物，只有人能夠參贊天地，其地位之尊貴可以想見。體天（不是替天）行道是我們的責任，「體」便是體會，領悟，而不是以人的意志來代替天意。

人定勝天，也必須兼顧天定勝人。小事可以由人決定，大事依然要看天命。《易經》看天，莫不從仰觀俯察的實際經驗，加上體會、領悟而來。當環境（天）與趨勢（命）過分複雜、難以理解時，當然要用心體會天命，悟出看不見的那一方面究竟有什麼用意？人類早在人同獸爭的時代，便已明白光是動手動腳，根本鬥不過野獸的道理，必須善用工具，充實知識，採取鬥智不鬥力的方式，加強人群的合作與互助，於是逐漸延伸為仁義道德，在精神方面不斷擴大與禽獸間的距離。在這方面的成就，應該是我們的文化特色，不能因為近四百年來科技落後，便全盤加以否定。

經過殘酷的第一、二次世界大戰，我們應該明白，科技加上倫理，才能成就人類共同的未來。各國競相發展核武，反而成為大家不敢輕易動武的最大保障。地球村的必然趨勢，便是科技、道德、宗教、藝術必須相通，才有達成的可能。通是宇宙真理，對於二十一世紀的人類尤其重要。

四、必須有所感悟才能通

「悟」的意思，是領會、覺醒。通常我們把一個人明白事物道理的能力，稱為「悟性」。

孔子一生可以大致分為「下學」和「上達」兩大階段。他自述「十有五而志於學，三十而立，四十而不惑」，便是「下學」的階段，至於「五十而知天命，六十而耳順，七十而從心所欲，不踰矩」，則是「上達」的功夫。

就算下學可以透過觀察和實驗，要想上達天命，則非用心領會、有所感悟不可。因為上達並非通過言語可以直接說明的。孔子用「天何言哉」（《論語・陽貨篇》）這句話，來否定天是超越自然的上帝，而明確指出天代表自然的功能，這是孔子一生好學所領悟出來的道理，成為對中華文化有卓越貢獻的至聖先師。他把零碎的、片面的知識，累積、綜合、貫通起來，終於完成「知天命」的感悟。四十歲以前，孔子學過《詩》、《書》、《禮》、《樂》，到處訪察、搜求，並加以刪定、整理。四十歲以後，這種向外取向的學習，開始轉變為向內收斂的方式，向內心探索，不斷地感通、領悟，歷經十個年頭，才有「五十知天命」的覺醒。

《論語・憲問篇》記載，孔子緊接在「下學而上達」這一句話之後，說出「知我者其天乎」的感慨。他知道這種領會，並不是像《詩》、《書》、《禮》、《樂》那樣，可以教也能夠學，必須充分瞭解「一陰一陽之謂道」，以及「孤陽不生，獨陰不長」的道理，突破再突破、推擴再推擴、會通再會通，用心又用力，才有貫通內外、打通上下的可能。

孔子居於「中人以上，可以語上也；中人以下，不可以語上也」（《論語・雍也篇》）的原則，因材施教，所以多說「下學」而少談「上達」，以致弟子們只有少數得以親聞孔子談論天命。曾子比孔子小四十六歲，應該是沒有機會聽到孔子有關天命的講解，所以對於「吾道一以貫之」的體會，僅止於「夫子之道，忠恕而已矣」（《論語・里仁篇》）。《論語・衛靈公篇》有言：「子曰：『賜也，女以予為多學而識之者與？』對曰：『然！非與？』曰：『非也！予一以貫之。』」從孔子「多學而識」說起，接下去便說「一以貫之」，證明「一貫」和「學」有十分密切的關係，那就是下學而上達。子貢是不是領悟孔子的意思，我們從他感慨：「夫子之言性與天道，不可得而聞也」（《論語・公治長篇》），把他聽聞孔子和他說的這一番話之後喜不自勝的心情，全都表露無遺，可以知道他是因為領悟了才雀躍不已。

悟是不能教的，至少很難教！如果把領悟分成若干歷程，加以科學的界定，恐怕教出來的結果仍然是「知」而不是「悟」！

孔子說過：「死生有命，富貴在天」（《論語・顏淵篇》）、「道之將行也與，命也；道之將廢也與，命也」（《論語・憲問篇》）、「亡之，命矣夫！斯人也而有斯疾也！」（《論語・雍也篇》）、「不知命，無以為君子也」（《論語・堯曰篇》）。但是，孔子始終沒有明白說出命的意義、目標與知命的程序、方法。他充分尊重每一個人的悟性，讓各人自己去體悟，絲毫不勉強。

自然是一貫的，連通的，所以是和諧的。人是自然的一部分，當然要和自然取得一貫，獲得連通，才能夠與自然和諧共處。人所發展出來的學問，也應該成為自然的一部分，才能夠和自然一貫、連通、和諧共存。

《易經》從自然取象明理，進而感悟人生活在天地之間，必須提升倫理道德，以參贊天地之化育，為自然盡一份責任。孔子因此體會出「人與社會、自然的整體和諧」，應該是人類共同努力的目標。

現代科學帶給人類許多好處，然而在整體和諧這方面似乎有所不足，主要原因即在不能完全與自然互通，才不幸造成破壞自然環境、危害自然生態的禍害。

我們應該要明白「科學無辜，是人類自己不夠通，才造成這些禍害」的道理，科學無罪，所有的罪過其實都應該由人類來承擔。

五、結語與建議

現代重視專業分工，固然有相當的道理，但是過分講求專精，便造成了大量「知道『少少』中『多多』的人」——由於不夠博通，往往「只知其一，不知其二」，產生偏頗的缺憾。社會上專家愈多，愈容易組織幫會，利用製造專有名詞的方式，增加與外界溝通的障礙，多說行話以製造神祕氣氛，難道這就是大家心目中的「知識經濟」嗎？一心一意，只想透過自己所專精的知識來賺取利益，並不是真心為社會人群奉獻。

何況博通和專精，原本同等重要。我們時常發現兩位專家各說各話，然而我們站在第三者的立場，覺得他們之間並沒有什麼不同，他們卻各有堅持，認為彼此之間大不相同。類似的情況，甚至於延伸到宗教界，各大門派自有說法，弄得信眾只好嘴巴說不要有分別心，內心則充滿了分別的堅持。

無論先通後專，或者先專後通都可以，當然，最好的方式是兩者交叉進行，務求粗通大略之後，再用心精進，然後真正博通。如果有一位老者，說出這樣的話來：「我年輕的時候，看不懂一本書，心裡就很焦急，問自己為什麼這樣愚昧，連這種書都讀不懂？現在我年紀老邁，看不懂一本書，便十分生氣，心想這位作者是怎麼搞的？寫到連我都看不懂，又有何用？」

這位老者是真的有本事？還是過分自大？我們尊重各人的判斷，因為這就是對「通」的一種領悟，各有見地，表現出各自不同的悟性。

至少《易經》六十四卦是通的，不但卦卦相通，而且和宇宙自然無所不通。從我們自己的身體來看，通者不痛、痛者不通。從學問上來看，一本萬殊、一通萬通。當然不是每一個人都能達到通的境界，這是不必懷疑的事實。但只要真正能夠把事情合起來想，不分開來看，用心日久，自然容易獲得貫通的效果。

專家們應撥出一些時間，伸出頭來看看外面的世界。當我們聽到不同的聲音時，不妨裝可愛，聽一下，也許會有另外一種感受。坐在一起的人，不必各懷鬼胎，一定要贏過左右的人。肚量寬一些、心胸大一點，很快就通了，何樂而不為呢！

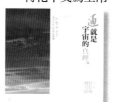

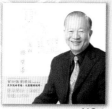

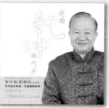

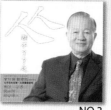

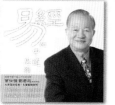

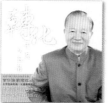

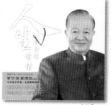

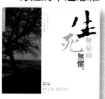

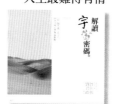

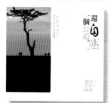

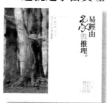

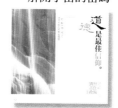

紅頂商人

胡雪巖

胡雪巖出身貧寒，卻在短短十幾年的時間裡迅速發跡，
成為當時富可敵國的巨商富賈；他替清朝政府向外國銀行貸款，
幫助左宗棠籌備軍餉，收復新疆，慈禧太后賜他黃袍馬褂，官封極品，
被人們稱為紅頂商人；他奉母命建起一座胡慶餘堂，真不二價，
童叟無欺，瘟疫流行時還向百姓施藥施粥，被人們稱為胡大善人。
然而，富可敵國的胡雪巖，卻在短短的三年時間內傾家蕩產，
僅僅六十二歲就鬱鬱而終。一百多年過去了，人們為什麼還記得胡雪巖？
因為他創辦的胡慶餘堂還在，因為他修建的大宅子還在，
更因為他傳奇的一生，給我們留下了許許多多的思考。
胡雪巖的一生，為什麼會如此大起大落？
他成功的經驗是什麼，他失敗的教訓又在哪裡？
作者將從胡學巖的小時開始剖析，找出胡學巖的失與得，
讓讀者可從中借鏡學習。

中國式管理之父
曾仕強教授　剖析

胡雪巖給年輕人的啟示

售價：280元 作者：曾仕強 教授

★★★★★

凡購買胡雪巖書籍，立即贈送
影響華人世界最重要的推手-曾仕強教授主講
「曾仕強教授大型經典演講課程」入場券乙張

洽詢電話：02-2361379、02-23612258 曾仕強教授辦公室